ARGENTINIEN
BUENOS AIRES

MARCO POLO

Reisen mit **Insider Tipps**

> Tropische Regenwälder im äußersten Nordosten, Kakteenwüsten im Hochland der Anden, blau gleißende Gletscherfelder in der Patagonischen Kordillere, unglaubliche Weiten der Pampa und die atemraubende patagonische Hochebene: Argentinien bietet alle erdenklichen Lebensräume

MARCO POLO Korrespondent Juan Garff
(siehe S. 139)

Spezielle News, Lesermeinungen und Angebote zu Argentinien:
www.marcopolo.de/argentinien

■ **DIE BESTEN MARCO POLO INSIDER-TIPPS** .... **UMSCHLAG**
■ **DIE BESTEN MARCO POLO HIGHLIGHTS** 4

■ AUFTAKT 6

■ SZENE 12

■ STICHWORTE 16
■ EVENTS, FESTE & MEHR 22
■ ESSEN & TRINKEN 24
■ EINKAUFEN 28

■ BUENOS AIRES 30
■ OSTKÜSTE 52
■ DER NORDWESTEN 60
■ DAS ZWEISTROMLAND 76
■ PATAGONIEN UND FEUERLAND 88

> SYMBOLE

★ **MARCO POLO INSIDER-TIPPS**
Von unseren Autoren für Sie entdeckt

★ **MARCO POLO HIGHLIGHTS**
Alles, was Sie in Argentinien kennen sollten

☼ **SCHÖNE AUSSICHT**

📶 **WLAN-HOTSPOT**

▶▶ **HIER TRIFFT SICH DIE SZENE**

> PREISKATEGORIEN

HOTELS
€€€ über 60 Euro
€€ 30–60 Euro
€ unter 30 Euro
Die Preise gelten pro Nacht für ein Doppelzimmer mit Frühstück

RESTAURANTS
€€€ über 20 Euro
€€ 10–20 Euro
€ unter 10 Euro
Die Preise beziehen sich auf ein Menü mit Brot, Vorspeise, Hauptgericht, Nachtisch und Tischwein

> KARTEN

[122 A1] Seitenzahlen und Koordinaten für den Reiseatlas Argentinien
[U A1] Koordinaten für die Karte Buenos Aires
[0] Koordinaten im hinteren Umschlaaußerhalb des Kartenausschnitts

Zu Ihrer Orientierung sind auch die Orte mit Koordinaten versehen, die nicht im Reiseatlas eingetragen sind

INHALT

> SZENE
S. 12–15: Trends, Entdeckungen, Hotspots! Was wann wo in Argentinien los ist, verrät die MARCO POLO Szeneautorin vor Ort

> 24 STUNDEN
S. 102/103: Action pur und einmalige Erlebnisse in 24 Stunden! MARCO POLO hat für Sie einen außergewöhnlichen Tag in Buenos Aires zusammengestellt

> LOW BUDGET
Viel erleben für wenig Geld! Wo Sie zu kleinen Preisen etwas Besonderes genießen und tolle Schnäppchen machen können:

Gratisführung per Audioguide im MP3 S. 36 | Günstig satt werden beim Pfannkuchenkönig von Villa Gesell S. 56 | Für 20 Euro im Schlafwagen nach Tucumán S. 68 | Preiswert: ein Tag mit den Fischern auf dem Río Paraná S. 85 | Günstiges Gästehaus in El Calafate in Patagonien S. 92

> GUT ZU WISSEN
Was war wann? S. 10 | Spezialitäten S. 26 | Sicher in Buenos Aires S. 35 | Retro auf argentinisch S. 38 | Blogs & Podcasts S. 83 | Bücher & Filme S. 86 | Vorsicht beim Sonnenbad S. 94 | Wetter in Buenos Aires S. 114 | Aussprache S. 116

AUF DEM TITEL
Im Schlauchboot zu den Wasserfällen S. 85
Graffitikunst in Buenos Aires S. 12

- **AUSFLÜGE & TOUREN** **96**
- **24 STUNDEN IN BUENOS AIRES** **102**
- **SPORT & AKTIVITÄTEN** **104**
- **MIT KINDERN REISEN** **108**

- **PRAKTISCHE HINWEISE** **110**
- **SPRACHFÜHRER ARGENTINISCH** **116**

- **REISEATLAS ARGENTINIEN** **120**
- **KARTENLEGENDE REISEATLAS** **134**

- **REGISTER** **136**
- **IMPRESSUM** **137**
- **UNSER INSIDER** **139**

- **BLOSS NICHT!** **140**

2 | 3

ENTDECKEN SIE ARGENTINIEN!

Unsere Top 15 führen Sie an die traumhaftesten Orte und zu den spannendsten Sehenswürdigkeiten

Die Highlights sind in der Karte auf dem hinteren Umschlag eingetragen

★ Festival Internacional de Tango
Die Vielfalt der Tangolokale breitet sich jedes Jahr in der zweiten Augusthälfte zum Tangofestival auf Plätze und Straßenecken in Buenos Aires aus (Seite 23)

★ Asado
Argentinier sind ausgesprochene Fleischesser, und sie haben guten Grund dazu. Wohl nirgendwo anders auf der Welt werden auf dem Grill so gute Steaks gebraten (Seite 25)

★ La Boca
Pittoreskes Hafenviertel genuesischer Einwanderer in Buenos Aires, in dem das Stadion des beliebtesten Fußballclubs, der Boca Juniors, blaugelb leuchtet (Seite 35)

★ Palermo
Designerlokale, Restaurants, Museen, Parkanlagen und Patriziervillen im wahrscheinlich vielseitigsten Stadtteil von Buenos Aires (Seite 37)

★ San Telmo
Historisches Viertel, in dem das Buenos Aires des 19. Jhs. erhalten blieb (Seite 41)

★ Teatro Colón
Auch das ist Buenos Aires: die Pracht eines der bedeutendsten Opernhäuser der Welt (Seite 49)

★ Andenüberquerung
Zu Pferd über die Anden – ein Abenteuer ohnegleichen für alle, die Zeit und Kondition haben (Seite 66)

> DIE BESTEN MARCO POLO HIGHLIGHTS

★ Valle de la Luna/Reserva Provincial Ischigualasto
Ehemaliges Dinosauriertal, heute eine phantastische Mondlandschaft (Seite 68)

★ Tren a las Nubes
Der „Zug zu den Wolken" durchquert die nordwestargentinische Berglandschaft auf schwindelnder Höhe (Seite 73)

★ Quebrada de Humahuaca
Am südlichen Rand des Inkareiches lebt die Indianerkultur im Alltag und in Festen fort (Seite 74)

★ Esteros del Iberá
Kaimane und exotische Vegetation in der Sumpflandschaft der Provinz Corrientes (Seite 80)

★ San Ignacio Mini
Die Utopie des harmonischen Zusammenlebens von Spaniern und Indianern in den Jesuitendörfern au dem 17. und 18. Jh. (Seite 83)

★ Cataratas del Iguazú
Grandiose Wasserfälle inmitten vom Urwald an der brasilianischen Grenze (Seite 85)

★ Glaciar Perito Moreno
Der weltbekannte patagonische Gletscher erstreckt sich auf 195 km² im Lago Argentino (Seite 92)

★ Península Valdés
Wale, Pinguine, Seelöwen und Seeelefanten zeigen sich aus fast greifbarer Nähe (Seite 94)

4 | 5

Bergsee am Cerro Fitz Roy im Nationalpark Los Glaciares in Patagonien

AUFTAKT

> Tango und Patagonien: Das sind die beiden häufigsten Assoziationen zu Argentinien, die das Land weltweit einmalig machen. Zwischen der Intimität des Tanzes in der Metropole Buenos Aires und der immensen Einsamkeit Patagoniens finden Reisende in ein und demselben Land ganze Welten: das Echo der inkaischen Zivilisation in der Puna, der Hochebene des Nordwestens; die tropische Exotik um die Wasserfälle von Iguazú; die Weinrouten in Mendoza und Salta; die Spuren der spanischen Kolonialherrschaft in Córdoba … und all dies auf einem für Europäer äußerst günstigen Preisniveau.

> Nach Brasilien ist Argentinien der zweitgrößte Staat Südamerikas. 3700 km liegen zwischen der nördlichsten und der südlichsten Stadt des Landes, 1423 km misst seine größte west-östliche Ausdehnung – Platz genug für ein höchst abwechslungsreiches Angebot an Städten, Landschaftsformen und Klimazonen. Dabei teilen sich nur gut 40 Mio. Ew. die 2,8 Mio. km² Gesamtfläche. Von diesen wiederum leben allein 12,5 Mio. im Großraum Buenos Aires, das heißt in der Hauptstadt und dem Ring von Vorstädten, der sie umgibt. Ansonsten ist das weite Land dünn besiedelt.

Zwischen dem 22. und dem 55. Grad südlicher Breite bietet Argentinien alle erdenklichen Lebensräume: tropische Regenwälder im äußersten Nordosten, Kakteenwüsten im Hochland der Anden bei Jujuy, blau gleißende Gletscherfelder in der Patagonischen Kordillere, unglaubliche Weiten der Pampa und die atemraubende patagonische Hochebene. Die Anden locken mit zerklüfteten Massiven. Der König unter den Bergen heißt Aconcagua und wirft seinen Schatten aus einer Höhe von 6960 m auf die Provinzhauptstadt Mendoza.

Entgegen den Verhältnissen in Europa nehmen hier die Wärmegrade von Nord nach Süd kontinuierlich ab. In Ushuaia auf Feuerland, der südlichsten Stadt der Erde, zeigt das Thermometer mit einer sommerlichen Temperatur von 12 Grad Celsius gut 15 Grad weniger an als in der Hauptstadt Buenos Aires am Río de la Plata. Richtig heiß wird es im Sommer (November–Februar) in den Hochanden, der Puna. Bei 40 Grad im Schatten wird die Siesta von den Coyaindianern, den Nachfahren der Inkas im Nordwesten Argentiniens, verständlicherweise streng eingehalten. Auch im äußersten Nordosten, dem tropischen Misiones, geht nachmittags nichts mehr. Mit einer Luftfeuchtigkeit von bis zu 90 Prozent kann es an den spektakulären Wasserfällen von Iguazú richtig drückend werden. Hier im Grenzgebiet zu Brasilien und Paraguay stürzen sich 275 einzelne Wasserfälle tosend in eine

> *Regenwälder und Kakteenwüsten im Norden ...*

über 70 m tiefe Schlucht, eines der großen Naturschauspiele dieser Welt.

Salta im Nordwesten des Landes zählt zu den landschaftlich, historisch und kulturell interessantesten Provinzen. Hier sind noch viele spanische Kolonialbauten erhalten. Eine weitere Attraktion ist der Zug in die Wolken, *el Tren a las Nubes,* der auf

AUFTAKT

185 km eine Steigung von 2800 Höhenmetern überwindet.

Im sonnigen Weinanbaugebiet Mendoza und San Juan reifen argentinische Spitzenweine. Im Süden des Landes, in Patagonien, bedecken karge Steppen das weite Tafelland, das mit felsiger Steilküste zum Atlantik abfällt. Hier leben Magellanpinguine, Seeelefanten, Delphine, Seelöwen und gewaltige Bartenwale.

Die Hauptstadt Buenos Aires scheint völlig losgelöst von diesen urzeitlichen Landschaften zu existieren. Keine Großstadt Lateinamerikas ist kulturell, architektonisch und atmosphärisch europäischer geprägt als diese riesige Hafenstadt. Es heißt, die Einwohner der Metropole, die *porteños*, lebten mit dem Blick starr auf Europa gerichtet und kehrten dem restlichen Land den Rücken zu.

Argentinien hat wie die anderen lateinamerikanischen Staaten eine lange koloniale Vergangenheit. Seit 1535 gehörte es zum spanischen Kolonialreich, besaß aber keine Bodenschätze wie Bolivien oder Peru, und statt sesshafter Indianer, die Ackerbau betrieben, durchzogen jagende Nomaden das Land.

Den Kreolen, den Nachfahren der Spanier in Argentinien, verhalfen dennoch die aus Europa eingeführten Rinder und die exportintensive Viehwirtschaft zu Reichtum. Sie wehrten sich jedoch gegen die lästigen Handelsbeschränkungen des Mutterlandes und erklärten 1816 ihre Unabhängigkeit von Spanien. Ein Großteil

> **... Gletscher und die Hochanden im Süden und Westen**

der Fläche des heutigen Argentinien war damals noch Territorium der Indianer. Zwei Militärfeldzüge in die „Wüste" – das „nur" von Indianern bewohnte Land – führten zur erbar-

Im Westen liegt im Schutz der Andenkette Argentiniens Weinbauprovinz Mendoza

8 | 9

WAS WAR WANN?

Geschichtstabelle

16.–18. Jh. Der Spanier Juan Díaz de Solís entdeckt 1516 auf der Suche nach der Westpassage zum Pazifik die Mündung des Río de la Plata. Buenos Aires, 1580 gegründet, wird 1776 Hauptstadt des neuen Vizekönigreichs Río de la Plata (heutiges Argentinien, Uruguay, Bolivien, Paraguay und Teile Brasiliens)

1816 Das Vizekönigreich erklärt sich unabhängig von Spanien. Uruguay, Bolivien und Paraguay spalten sich ab

1880 Argentinien entwickelt sich durch Einwanderer aus der Alten Welt zur Kornkammer Europas

1930 Soziale Unruhen nach der Weltwirtschaftskrise 1929. Der Militärputsch von General José Uriburu leitet eine Serie militärischer Interventionen ein

1946–55 Erste Regierung Juan Domingo Peróns. Der Militärputsch 1955 zwingt Perón ins Exil nach Spanien

1955–83 Das Militär regiert direkt oder indirekt mit einem kurzen peronistischen Interregnum

1982 Die Niederlage im Falklandkrieg gegen Großbritannien führt zur Selbstauflösung der Militärjunta und zu Wahlen

1983–2001 Demokratisierungsprozess. Arbeitslosigkeit und Rezession nach vorübergehendem Aufschwung durch Privatisierungen führen 2001 zu einer schweren Wirtschaftskrise

Ab 2003 Präsident Néstor Kirchners Mitte-links-Regierung führt das Land in einen starken Wirtschaftsaufschwung, der aber nach der Wahl seiner Ehefrau Cristina Fernández von Inflation und heftigen Interessenkonflikten zwischen Staat und Agrarsektor überschattet wird

mungslosen Vernichtung der Indianerbevölkerung. Gleichzeitig förderte man die Einwanderung aus Europa. So erlebte Argentinien zwischen 1880 und 1930 seine wirtschaftliche Blütezeit, die mit der Weltwirtschaftskrise 1929 endete. Das bis dahin funktionierende Import-Export-System brach abrupt zusammen.

Der erneute wirtschaftliche Aufschwung dank einer vom Staat geförderten Industrialisierung verhalf 1946 Oberst Juan Domingo Perón an die Macht. Er herrschte mit autoritären Zügen. Die Arbeiterschaft brachte er dennoch hinter sich, weil er ihr politische Partizipation versprach. Ein Putsch im Jahr 1955 veranlasste Perón zum Rücktritt. Danach begann eine Phase der wirtschaftlichen Instabilität und wechselnder Militärregierungen. Nach einer kurzen, zweiten Regierungszeit Peróns und seiner Frau Isabel (1973–1976) übernahm das Militär erneut die Macht. Diese Regierung übte bis 1983 eine blutige Diktatur aus, der Zehntausende Menschen zum Opfer fielen. Erst der verlorene Falklandkrieg, den Argentinien 1982 gegen Großbritannien angezettelt hatte, zwang die Militärjunta zur Selbstauflösung im Jahr 1983. Seitdem ist Argentinien eine föderalistische, republikanische Präsidialdemokratie. Cristina Fernández de Kirchner, die Frau des von 2003 bis 2007 amtierenden Präsidenten Néstor Kirchner, gewann die Wahlen 2007 mit fast 45 Prozent der Stimmen. Neuer Bauboom in den Städten, Exportrekorde der Landwirtschaft und gesunde Staatskonten erklären ihren Wahlerfolg, auf den aber die

AUFTAKT

ansteigende Inflation einen bedrohlichen Schatten wirft.

Der Wirtschaftsaufschwung Anfang der Neunzigerjahre zog einen Bauboom nach sich. In den Städten entstanden riesige Einkaufspaläste, in Buenos Aires wurden die alten Hafendocks zur Flanier- und Amüsiermeile mit vielen schicken Restau-

> **Amüsiermeilen in den Hafendocks der Tangometropole**

rants, luxuriösen Hotels und teuren Loftwohnungen. Doch diese Entwicklung konnte nicht darüber hinwegtäuschen, dass sich Argentinien zu einer Zweidrittelgesellschaft entwickelte. Ein Problem bei dem (im Übrigen immer wieder von Korruption begleiteten) Modernisierungsprozess blieben die fehlenden sozialen Ausgleichsmaßnahmen.

Heute ist das bis zur Krise Ende 2001 sehr teure Argentinien eines der preisgünstigsten Reiseziele. Mit einem Dollar bekommt man heute etwa doppelt so viel wie zu Beginn des neuen Jahrtausends. Doch rund 20 Prozent der Bevölkerung leben immer noch unter der Armutsgrenze. Mit unglaublichem Improvisationstalent und viel Phantasie versuchen die Argentinier, Lücken im Servicebereich zu füllen. So können Exkursionen zu Pferd, im Jeep oder zu Wasser zu unvergesslichen Erlebnissen mit Mensch und Natur werden. Der Umweltschutzgedanke setzt sich auch im Touristikbereich immer mehr durch. Birdwatchingexkursionen und Trekking unter der Führung kundiger Ranger, die die komplizierten Zusammenhänge der verschiedenen Ökosysteme nahebringen, sind mittlerweile keine Seltenheit mehr.

Nur einer von rund 50: Monolith im Parque de los Menhires bei Tafí im Nordwesten

▶▶ TREND GUIDE ARGENTINIEN

Die heißesten Entdeckungen und Hotspots! Unser Szene-Scout zeigt Ihnen, was angesagt ist

Marimar Ropero
Die gebürtige Spanierin hat ihr Herz an und in Argentinien verloren. Seit fünf Jahren lebt sie nun in Buenos Aires und übersetzt unter anderem Comics ins Spanische. Zusammen mit ihrem Mann reist sie außerdem durch ganz Argentinien oder geht auf Entdeckungstour in der Großstadt. Sie ist fasziniert von der pulsierenden Metropole und den immer wieder neu entstehenden, außergewöhnlichen Trends.

▶▶ GRAFFITIWERK

Kunst von der Straße

Sprayer avancieren zu Highclass-Künstlern, und Galerien rücken die bunte Straßenkunst in den Fokus. Eine der angesagtesten Street-Art-Galerien in Buenos Aires: das *Hollywood in Cambodia* (Thames 1885, www.hollywoodincambodia.com.ar). Regelmäßige Ausstellungen sind auch im *Centro Cultural de España en Buenos Aires CCEBA* (Paraná 1159, www.cceba.org.ar) zu sehen. *Kid Gaucho* (www.kidgaucho.com), dessen knallige Motive an einen Mix aus Simpsons und South Park erinnern, und *Himnofeda* (www.himnofeda.com.ar) gehören ebenso wie die Künstlergruppe *Inhospitalfriends* (www.inhospitalfriends.com) zu den Local Heroes der Szene. Die abgefahrenen Werke gibts zum Beispiel im *Coucou* (Thames 1437, http://micoucou.blogspot.com). Nackte Wände und Mauern zum Besprühen und Bemalen sind *Lindokiller* (www.lindokiller.com, Foto) nicht genug: Der Kunstclub bringt Street Art auf Kleidung, Teppiche und alles andere, womit man so nicht rechnen würde.

SZENE

▶▶ SCHICK FÜR DEN TANGO

Rhythmus im Schuh

Buenos Aires ist nicht nur die Stadt des Tangos – sondern auch der passenden Accessoires! Tangofans aus aller Welt kaufen ihr Schuhwerk am liebsten in der Millionenmetropole – weil hier die Schuhe am ausgefallensten und stylishsten sind. Die Tanzschuhe von *Calzados Victorio* (Montevideo 224, www.victoriotangoshoes.com.ar) fühlen sich am Fuß wie eine zweite Haut an. Neben besonders geschnittenen Modellen für Anfänger fertigt Victorio Zingale auch extra hippe Tango-Sneakers. Bei *Neo Tango* (Sarmiento 1938, www.neotangoshoes.com, Foto) trifft cooler Style auf traditionelle Herstellungstechnik. Nicht nur Schuhe, sondern auch einzelne Absätze hat Susana Villaroel (Anchorena 537 und Riobamba 448, www.shoes-susanaartesanal.com) im Angebot.

▶▶ ENTSPANNUNG PUR

Oasen in den Anden

In den Tälern und auf den Hochplateaus der steinigen Gebirgskette entstehen immer mehr schicke Boutique-Hotels, die in der eher kargen Landschaft kleine Oasen des Luxus und der Entspannung schaffen. Freie Sicht auf die Weinberge des Calchaquí-Tals bietet das *Patios de Cafayate* (Ruta Nacional 40/Ruta Nacional 68, www.luxurycollection.com/cafayate). Im angeschlossenen Weingut *El Esteco* ist das Wine-Spa inklusive! Von der Dachterrasse des *Eolo* (Ruta Provincial N 11, km 23, El Calafate, www.eolo.com.ar, Foto) lässt sich die Steppenlandschaft Patagoniens bewundern. Reittouren durch das weite Flachland des Valle La Anita, Trekkingtouren zum Cerro Frías oder einfach nur Entspannen im schicken Ambiente zwischen argentinischer Tradition und neuen Ideen.

▶▶ ÜBER DEN WOLKEN

Paragliding de luxe

Gleitschirmfliegen ist wieder Trend! Neuerdings trifft sich die Szene nicht mehr nur in den Anden, sondern auch in den kleinen Bergketten Argentiniens. Einer der Hotspots: die Sierra de los Comechingones. Der Gebirgszug an der Grenze der Provinzen San Luis und Córdoba ist durchschnittlich 2000 m hoch – perfekt für einen Flug mit kilometerweiter Aussicht *(z. B. bei Volar en Parapente, Sergio Redondo, Startpunkt: Confitería Mirador de los Cóndores, Anfahrt: von Merlo über die Av. del Sol in die Berge, www.volarenparapente.com.ar)*. Über den Bergen von La Cumbre ist Mariano Baccola zu Hause: In der Provinz Córdoba bietet er Kurse und Tandemflüge über die Hochebene an *(Parapente Córdoba, Cuchi Corral, 8 km westlich von La Cumbre, www.parapentecordoba.com.ar)*. Bis zu 100 km weit fliegen kann man in Tandil in der Provinz Buenos Aires. Der kleine Gebirgszug inmitten des Flachlands der Pampa erlaubt freie Flüge in Höhen zwischen 150 und 1500 m. Kurse in Tandil und Umgebung werden unter anderem von *www.parapentemdq.com.ar* angeboten.

▶▶ GIRL POWER

Designerinnen auf dem Vormarsch

Die neue Moderiege ist jung, frech, mutig, erfolgreich – und weiblich! Die Locals sind verrückt nach den Entwürfen der Fashion-Ikonen. Aída Sirinian *(Gorriti 5868, Buenos Aires, www.aidasirinian. com, Foto)* mixt in ihren Entwürfen Folklore, gewagte Schnitte und leichte, durchsichtige Stoffe. Das Resultat: umwerfende Brautkleider und Ready-to-Wear mit lässiger Raffinesse. Maria Cher *(El Salvador 4724, Buenos Aires, www.maria-cher.com. ar)* kreiert provokante, geometrische Kollektionen für selbstbewusste Ladys vom Badeanzug bis zum Kostüm im Lagenlook. Die perfekte Verbindung alltagstauglicher Fashion mit Innovation und Coolness schafft Verónica Alfie *(z.B. bei Tienda Tres, Armenia 1655, Buenos Aires, www.veronicalfie.com.ar)*.

Wer nicht genug bekommen kann: Im Shop *Salsipuedes (Honduras 4814)* in Buenos Aires warten die neuesten Kollektionen der besten Nachwuchsdesignerinnen auf ihre Besitzer!

SZENE

▶▶ GAY-FRIENDLY

Die Szene boomt

Immer mehr Special-Gay-Veranstaltungen von Konzert bis Theater, von Fotoausstellung bis Diskussionsforum sind in Buenos Aires Publikumsmagneten. Und auch jede Menge neuer Szeneclubs eröffnen: In der *Milonga La Marshall (Maipú 444, Mi ab 22 Uhr, Infos unter www.tangodata.gov.ar)* tanzen Gays und Lesbians Tango, das Künstlerhaus *Casa Brandon (Luis María Drago 236, Villa Crespo, www.brandongayday.com.ar)* organisiert zahleiche Partys, Kino-Screenings und Kunstprojekte – alles für Gays. Richtig schick wirds im *Hotel Axel (Venezuela 649, www.axelhotels.com, Foto)*: Das Hotel bietet neben Partys am Pool eine coole Sky-Bar. Die Atmosphäre ist weltoffen.

DJ-KULT

Argentinien an den Turntables

DJs bringen das Partyvolk zum Rocken. Im *Museum Club (Perú 535, Buenos Aires, www.clubmuseum.com.ar)* tanzt die Szene in einer riesigen Halle, im *Le Bar (Tucumán 422, Buenos Aires)* legen Elektro-DJs zum Aperitif oder Dinner auf. Internationale DJs sind die Stars im *Cocoliche (Rivadavia 878, Buenos Aires, www.cocoliche.net)*, doch auch Local Heroes kommen auf ihre Kosten: Zu den angesagtesten gehören das Electronic-Hip-Hop-Duo *Spektre (www.myspace.com/spektreclub)* und *Daleduro (www.myspace.com/daledur0, Foto)*.

HEALTH FOOD

Frisch, gesund und köstlich

Die Avantgarde unter den Köchen setzt auf vegetarisch-leichte Gerichte statt auf Steaks und Gegrilltes, auf Säfte statt auf schwere Weine und auf die Verbreitung eines insgesamt gesünderen Lebensstils. Diego Castro folgt in seinem Restaurant *Verde Llama (Jorge Newbery 3623, Buenos Aires, www.verdellama.com.ar, Foto)* diesen Richtlinien. Frisch und fruchtig gehts auch im *Pura Vida (Uriburu 1489, Buenos Aires, www.puravidabuenosaires.com)* zu. Das *Los Sabios* ist eines der wenigen chinesischen *vegetarian restaurants (Av. Corrientes 3733, Nähe Medrano, Buenos Aires)*.

Bild: Markt in San Salvador de Jujuy

> GAUCHOS, PINGUINE UND CARTONEROS

Notizen zu Tierwelt und Tango, zu Pampa und Perón

BEVÖLKERUNG

Argentinien gilt als „weißes" Land Lateinamerikas. Dabei wird oft vergessen, dass es auch heute noch rund 850 000 Indianer 17 verschiedener Ethnien gibt, die allerdings immer weniger werden. Die Indianer Südargentiniens wurden im sogenannten Wüstenfeldzug General Rocas (1875 bis 1879) weitgehend ausgerottet. Auch die Nomadenvölker der Huarpes und Pehuenches sind ausgestorben. Lediglich im Nordwesten sind noch Nachfahren der alten Inkakulturen zu finden, die Coyaindianer. Nur im äußersten Nordosten, in Misiones und Corrientes, kam es zu einem Kulturaustausch und zur Vermischung zwischen Spaniern und Guaraníindianern. Im 19. Jh. gesellten sich dann verschiedene Einwandererwellen aus Polen, Deutschland, Italien, Irland, der Schweiz und dem Na-

STICH WORTE

hen Osten zu den Nachfahren der spanischen Eroberer. In den beinahe drei Jahrhunderten bis zur Unabhängigkeit von Spanien entwickelte sich neben der kleinen Oberschicht von Kreolen – den bereits in Amerika geborenen Spaniern – auch eine große Gruppe von Mestizen, also Mischlingen von Weißen und Indianern. Am wenigsten bemerkbar macht sich in der heutigen Bevölkerung das indianische Erbe.

CARTONEROS

Die *cartoneros,* die allgegenwärtigen Altpapiersammler, sind ein Zeichen der Verarmung, die das Land ergriffen hat. Ganze Familien von Arbeitslosen, die in besseren Zeiten in vielen Fällen zu den mittleren Einkommensschichten gehörten, ziehen mit alten Supermarktkarren durch die Straßen, um Altpapier, Kartons und Pappe zu sammeln.

FAUNA UND FLORA

Die Tierwelt Argentiniens ist so vielfältig wie seine Landschaften. Fast 1000 Vogelarten sind am argentinischen Himmel zu beobachten, vom winzigen Kolibri, der sogar in den Gärten von Buenos Aires sein Fingerhutnest baut, bis zum Kondor in den Anden und dem Albatros an den Küsten Patagoniens, dessen Flügel bis zu 3 m Spannweite erreichen. In den Anden leben Lamas und deren langhaarige Verwandte, die Vikunjas. Im nördlichsten Bereich, der Puna, wachsen auf 3000 m Höhe Zwergsträucher, Polsterpflanzen und Kakteen, darunter der riesige Kandelaberkaktus. In Salta und Jujuy, an den ostandinen Gebirgshängen, blüht es dank vieler Niederschläge üppig. Jujuy wird deshalb auch von dichten Wäldern eingerahmt.

In Patagonien zieht sich im Windschutz der Anden ein breiter Gürtel von Südbuchenwäldern bis hin nach Feuerland. Zur Küste hin erstreckt sich die Einöde der patagonischen Steppe, der sich nur wenige Tiere anzupassen vermochten: *guanacos* (die südlichen Verwandten der Lamas), *maras* (Pampahasen), Springmäuse, *peludos* (Gürteltiere) und *ñandúes* (kleine Straußenvögel), die sich von der kargen Vegetation ernähren, und andererseits die Raubtiere, die diese Arten jagen: Füchse und selten gewordene Pumas. Riesige Schafherden machen der einheimischen Tierwelt die Weidegründe streitig und zerstören die Steppe. An den Küsten Patagoniens tummeln sich unzählige Seeelefanten, Pinguine, Seelöwen, Robben und Delphine; gigantische Bartenwale suchen Zuflucht, um ihre Jungen aufzuziehen.

Zur natürlichen Vegetation der feuchten Pampa Húmeda gehören die büscheligen, hohen Hartgräser. Riesige Viehherden sind hier zu Hause. Auf der trockenen Pampa Seca herrschen Dornensträucher vor.

Im äußersten Nordosten, im subtropischen Regenwald mit seinen bis

Ein argentinischer Mythos: die Gauchos, Viehtreiber in den Weiten der Pampa

zu 40 m hohen Baumriesen, wachsen Zedern, der rosa blühende *lapacho negro* und der *yerba*-Strauch, ein Stechpalmengewächs, aus dessen koffeinhaltigen, getrockneten Blättern der Matetee gewonnen wird. Hier leben Tukane, Kolibris, Geier, Papageien, Schmetterlinge, Waschbären, Kapuziner- und Brüllaffen, Wildkatzen und Tapire. Die Sümpfe um Corrientes sind Heimat des *yacarés,* des kleineren südamerikanischen Krokodils, und auch vieler Schlangen wie der gefürchteten *jararás* oder der Klapperschlangen.

GAUCHOS

Oft werden die modernen Viehtreiber Argentiniens, die *peones,* Gauchos genannt. Den eigentlichen Gaucho, den Mestizen, der sich fern von Recht und Gesetz in die Pampa zurückzog und als Outlaw verfolgt wurde, gibt es nur noch in der Literatur. Im 19. Jh. noch besungen in Werken wie „Martín Fierro", einem Gauchoepos von José Hernández, konnte er im Argentinien des 20. Jhs. und bei exportorientierter Viehwirtschaft nicht überleben. Der einst romantisierte Gaucho wird nun als krimineller Viehdieb angesehen, falls er sich nicht in die neue Ordnung als Angestellter auf den *estancias* einfügte.

GEOLOGIE

Argentinien verdankt seine eindrucksvolle Landschaft zwei erdgeschichtlich weit auseinander liegenden Perioden. Im äußersten Westen begrenzen die Anden das Land. Das junge Kettengebirge wurde erst im Tertiär durch die Kollision der Ostpazifischen mit der Südamerikanischen Platte aufgefaltet. Heute noch tätige Vulkane und immer wieder auftretende Erdbeben weisen darauf hin, dass die gewaltigen Platten nach wie vor in Bewegung sind. Aus der Erdfrühzeit (dem Präkambrium) stammen dagegen die kristallinen Platten: die Brasilianische und die Patagonische. Sie bildeten einst einen zusammenhängenden Block, wurden jedoch durch Senkungsvorgänge im Erdmittelalter (Mesozoikum) voneinander getrennt. Durch diese Absenkung entstand das große, zentrale Tiefland des südlichen Südamerika, die 600–1000 km breite Ebene des Gran Chaco und der Pampa.

Südlich des zentralen Tieflandes erstreckt sich das Patagonische Tafelland. In Feuerland setzen sich die Bergketten der Anden schließlich in Ost-West-Richtung fort, wenn auch bereits deutlich niedriger. Hier erreichen die Gipfel nur noch eine Höhe von etwa 1400 m, bedeckt von Gletschern und ewigem Eis.

KLIMA

Argentinien weist eine Vielzahl unterschiedlicher Klimazonen auf. Im subtropischen Norden erreicht das Thermometer im Sommer oft eine Temperatur von 40 Grad, und auch die Sommer in Buenos Aires können mit einer Luftfeuchtigkeit von bis zu 80 Prozent und Temperaturen von bis zu 35 Grad unangenehm heißfeucht werden, während man in Feuerland zur selben Zeit nur zwölf Grad misst.

Argentiniens Lage zwischen den Anden und dem Atlantik bestimmt die Niederschlagsmenge: Hochdruckgebiete über dem Atlantischen Ozean führen warme, feuchte Luft in den Nordosten, wo die höchsten Niederschläge des Landes mit bis zu 2000 mm im Jahr gemessen werden, mit kurzen, schweren Regenschauern im Sommer. Die Westwindzone bestimmt hingegen das Steppen- und Wüstenklima Patagoniens. Im Frühjahr und Herbst kommt es zu heftigen Stürmen. Der Regen wird jedoch von der 4000 m hohen Andenkordillere zurückgehalten. So fallen im patagonischen Osten oft nur um 200 mm Niederschlag im Jahr.

MILITÄR

Das Offizierskorps bildet eine eigene Kaste in der argentinischen Gesellschaft. Das Ansehen der Militärs hat nach den Menschenrechtsverletzungen der Diktatur 1976–1983 und dem verlorenen Falklandkrieg stark gelitten. In den letzten Jahren wurden die Menschenrechtsverletzungen der Militärdiktatur erneut untersucht. Nach wie vor besteht in Argentinien aber eine nationalistische Kultur, die sich sowohl in den Schulbüchern als auch in den Straßennamen widerspiegelt, die immer wieder die Rolle der Militärs hervorheben.

PERONISMUS

Von 1946 bis 1955 war Juan Domingo Perón (1895–1974) Präsident Argentiniens. Eine klare politische Linie hat seine Gerechtigkeitspartei, der *Partido Justicialista,* nicht. Durch ein Programm sozialer Reformen hatte Perón die Gewerkschaften und die Besitzlosen Argentiniens für sich gewinnen können. Er kämpfte gegen die Armut, verstaatlichte Banken und Industrie als demokratisch gewählter, aber nahezu diktatorischer Alleinherrscher. Seine Frau Evita, eine ehemalige Schauspielerin, die 1952 starb, förderte mit vehementen Parolen den Enthusiasmus seiner Anhänger. Bis heute wird sie von alten und neuen Peronisten als Vertreterin des „wahren Peronismus" verehrt. Peróns Einsatz für die Trennung von Kirche und Staat sowie die wirtschaftlichen Schwierigkeiten des Landes führten schließlich 1955 zum Putsch der Militärs. Perón wurde 1973 erneut zum Präsidenten gewählt, konnte aber seine Versprechungen an die Arbeiter nicht halten. Innerhalb der eigenen Partei setzten Flügelkämpfe ein. Nach seinem Tod 1974 hinterließ er ein innenpolitisches Chaos. Seine dritte Frau, Isabel, übernahm die Macht, wurde aber bereits 1976 von einer Militärjunta gestürzt. Nach dem neoliberalen Kurs der peronistischen Regierung Menem zeichnete sich mit dem ebenfalls peronistischen Präsidenten Néstor Kirchner seit 2003 ein Mitte-links-Trend ab. Seine Frau, Cristina Fernández de Kirchner, verfolgt denselben Kurs, nachdem sie die Präsidentschaftswahlen 2007 mit großem Vorsprung gewann.

TANGO

Enrique Santos Discépolo, einer der bekanntesten Komponisten und Texter dieses Genres, bezeichnete den Tango als „einen traurigen Gedanken, den man tanzen kann". Diese

> *www.marcopolo.de/argentinien*

STICHWORTE

Definition entstammt noch der Zeit, als der Tango in Bars und Bordellen als einstimmendes Vorspiel getanzt wurde. Der laszive Tanz entstand in den Hafenvierteln von Buenos Aires, in La Boca und San Telmo. Die Frage nach den Wurzeln des Tangos ist allerdings nicht geklärt. Er entstammt der kubanischen Habanera ebenso schlimmer. Gesellschaftliche Anerkennung fand der Tanz erst, als 1907 in Paris die ersten Schallplattenaufnahmen gemacht wurden. Der Tango eroberte die Pariser Salons, und bald entstand eine orchestrale Salonversion der ehemaligen Spelunkenmusik. Heute gilt der Tango als Lied der Hauptstadt Buenos Aires. 24 Stunden

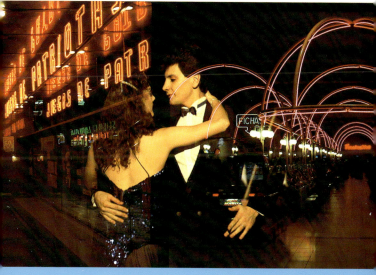

Der Tango lebt auch heute noch in den Straßen von Buenos Aires

wie dem Tango Andaluz, der kultischen Tanzpantomime Candombé und der uruguayischen Milonga, einem Sängerwettstreit, in dem sich – genau wie im Tango – alles um verlassene Liebhaber dreht. Seine spezifische Stimmung erhielt der Tango schließlich durch das ebenfalls aus Europa eingeführte Bandoneon, eine Knopfharmonika. Die Schritte waren anrüchig und die Texte meist noch am Tag sendet FM La Dos Por Cuatro auf 92,7 Megahertz Milongas und Tangos, während im Kabelfernsehen der Sender Sólo Tango Konzerte, Interviews und Tanzstunden überträgt. Im Internet findet man ausführliche Informationen über Tango in Buenos Aires unter *www.tangodata.gov.ar*, und in der Hauptstadt kann man natürlich vielerorts das Tangotanzen lernen.

FOLKLORE, FILM & TANGOFIEBER

In den Volksfesten vermischen sich Kulturen und Religionen Argentiniens

■ OFFIZIELLE FEIERTAGE

1. Jan., Karfreitag, 2. April *(Tag der Falklandinseln)*, 1. Mai, 25. Mai *(Erste Nationalregierung 1810)*, 20. Juni *(Día de la Bandera,* Todestag von General Manuel Belgrano), 9. Juli *(Unabhängigkeitstag)*, 17. Aug. *(Todestag von General José de San Martín)*, 12. Okt. *(Día de la Raza,* Entdeckung Amerikas), 8. Dez. *(Mariä Empfängnis),* 25. Dez. Einige Feiertage werden auf den nächstgelegenen Montag verlegt, um den Wochenendtourismus zu fördern.

■ LOKALE FESTE UND VERANSTALTUNGEN

Januar

Indianisch geht es auf der *Feria Artesanal de los Valles Calchaquíes* in San Carlos bei Salta Ende Januar zu: handgewebte Stoffe, Ponchos und Musik. In derselben Woche lädt Mar del Plata zum Fischerfest *Fiesta Nacional del Mar* mit Fischgerichten und Folkloretänzen. In Cosquín (Córdoba) findet während der zweiten Monatshälfte das wichtigste Folklorefestival des Landes mit renommierten Künstlern statt, die *Fiesta Nacional del Folklore.*

Februar

In Corrientes wird *Karneval* gefeiert. Auch in Salta und Jujuy feiert man *Karneval* mit bunten Masken und rituellen Tänzen.
In El Chaltén (Santa Cruz) zu Füßen des Fitz-Roy-Massivs findet Anfang Februar ein Wandererfestival statt, die *Fiesta Nacional del Trekking.*

März

Zu Monatsanfang dreht sich in Mendoza alles um die *Fiesta Nacional de la Vendimia,* das Fest der Weinlese. *www.vendimia.mendoza.gov.ar*

Ostern

In Cachi (Salta) wird in der Osterwoche am Samstag eine Judasfigur öffentlich verbrannt, *la Quema de Judas.* Auch in der Region Jujuy kommt es zu indianisch beeinflussten *Osterfeierlichkeiten.*

Aktuelle Events weltweit auf www.marcopolo.de/events

> EVENTS
FESTE & MEHR

In Mendoza werden beim *Festival por los Caminos del Vino* Konzerte in Weinkellern und Kirchen gegeben. *www.caminosdelvino.com*

April
Über 4000 Gauchos ziehen in einer *Prozession zu Pferd* am ersten Wochenende von San Juan über Caucete bis zum Wallfahrtsort der Difunta Correa. Beim *Festival Internacional de Ushuaia* spielen kurz nach Ostern renommierte Musiker aus Europa und Buenos Aires. *www.festivaldeushuaia.com*
In Buenos Aires Mitte April das ▶▶*Festival Internacional de Cine Independiente (Bafici)*. *www.bafici.gov.ar*

Juli
Insider Tipp: Beim *Concurso de la Empanada Salteña* in Salta werden die besten Fleischtaschen prämiert. An zahlreichen Ständen werden *empanadas* angeboten. Mitte Juli beginnt in Catamarca die *Fiesta Nacional del Poncho,* auf der zehn Tage lang die Weber aus verschiedenen Provinzen zeigen, wie sie den Überwurf der Gauchos anfertigen.

August
In der zweiten Augusthälfte finden in Buenos Aires das ★ *Festival Internacional de Tango* und das *Campeonato Mundial de Baile de Tango* statt, mit Konzerten, freien Tanzstunden und Tangowettbewerben überall in der Stadt.

September
In ungeraden Jahren kommt das *Festival Internacional de Teatro* auf die Bühnen von Buenos Aires. *www.festivaldeteatro.gov.ar*

Oktober
In Villa General Belgrano (Córdoba) wird zu Monatsanfang das *Bierfest* gefeiert.

Dezember
In der ersten Monatshälfte findet in Mar del Plata das *Internationale Filmfestival* statt, das exklusivste in Lateinamerika. *www.mardelplatafilmfest.com*

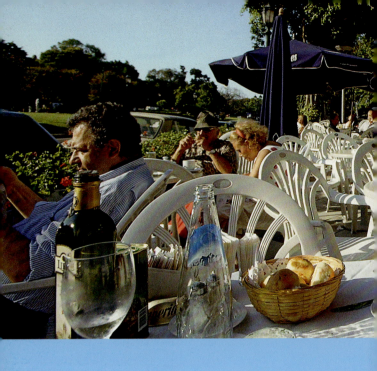

> ASADO, GUISOS UND PASTA

Traditionell Argentinisches und Neuschöpfungen aus den Einwandererküchen bieten kulinarische Erlebnisse

> **Nirgends sonst zeigt sich der Einfluss der verschiedenen Einwanderergruppen so deutlich wie in der argentinischen Küche.**
Beste sizilianische Pasta, hausgemachte *tallarines* (Bandnudeln) und die aus Kartoffelteig gekneteten *ñoquis* (in Italien heißen sie Gnocchi) wetteifern mit Pizzas in allen Varianten. Am besten schmeckt die auf der heißen Steinplatte gebackene *pizza a la piedra*.

Der arabischen Tradition, die sich teils über Spanien, teils direkt über Einwanderer aus Syrien und Libanon vor allem im Nordwesten Argentiniens ausbreitete, entstammen vor allem Süßigkeiten, aber auch Gerichte wie *pollo al taratur*, Huhn mit einer Paste aus Sesam und Mandeln.

Guisos (Eintöpfe) erinnern an die spanischen Großmütter. Und schließlich lassen die Namen zahlreicher Vor- und Nachspeisen, wie etwa *en-*

Bild: Straßencafé in Buenos Aires

ESSEN & TRINKEN

salada rusa (Kartoffelsalat mit Mayonnaise), *fiambre alemán* (salzige Pfannkuchen mit grünem Salat, Käse und Schinken belegt) oder *leberwurst* und *strudel,* die sogar ihren Namen behalten durften, die Geschichte der Einwanderer aus Weißrussland und Deutschland anklingen. Maisgerichte sind hauptsächlich im Nordwesten des Landes zu bekommen, wo heute noch Teile der Bevölkerung indianischen Ursprungs sind.

Das klassische Abendessen in Argentinien besteht aber aus einem saftigen Filet- oder Rumpsteak mit Salat. Die rund 52 Mio. argentinischen Rinder liefern besonders schmackhaftes und BSE-freies Fleisch, weil sie das ganze Jahr im Freien leben, wo sie viel Auslauf haben und ausschließlich das zarte Pampagras fressen. Zu einem ★ *asado* ist in Argentinien immer und überall Gelegenheit. Der Braten wird am eisernen

Spieß nicht über, sondern vor dem offenen Feuer geröstet – wie bei den Gauchos in alten Zeiten. Während man in Nord- und Zentralargentinien Rind bevorzugt, wird im Süden hauptsächlich Lamm gegrillt.

Argentinier essen für mitteleuropäische Verhältnisse ausgesprochen spät zu Abend. Vor 21 Uhr bekommt man kaum etwas. Ein komplettes Abendessen beginnt mit einer *entrada* (Vorspeise). Der Hauptgang, der *plato principal*, enthält dann entweder ein Fleisch-, Fisch- oder Geflügelgericht oder Pasta. Der Salat dazu, die *ensalada*, muss oft extra

> SPEZIALITÄTEN
Genießen Sie die typisch argentinische Küche!

alfajor – zwei mit Schokolade oder Puderzucker belegte Kekshälften, die eine Schicht *dulce de leche* einbetten
arroz con leche – Milchreis
bife de chorizo – Rumpsteak, Rippensteak ohne Knochen
budín de pan – Brotpudding, mit Milch, Eiern und Rosinen zubereitet

Insider Tipp *carbonada* – Eintopf aus Kürbis, jungen Maiskolben, getrockneten oder frischen Pfirsichen und Fleisch, ursprünglich auf glühender Kohle zubereitet
dulce de leche – hellbraune, ziemlich süße Karamellcreme, die u. a. als Brotaufstrich sehr beliebt ist

empanadas – Teigtaschen, mit Hackfleisch *(de carne)*, Mais *(de choclo)* oder Schinken und Käse *(de jamón y queso)* gefüllt (Foto)
facturas – süße Gebäckstückchen zum Frühstück oder zum Nachmittagsmate oder -kaffee, von Berlinern *(bolas de fraile)* bis zu Croissants *(medialunas)*
humita – gemahlener Mais, oft in Maisblätter eingebunden serviert
locro – Mais, Kürbis, Fleisch und Schweinepfoten in dicker Eintopfsuppe
matambre arrollado – Rollbraten aus Rinderzwerchfell mit eingerolltem Gemüse und Ei. Der Name des flachen Fleischstücks (*mata hambre*: „Hungerkiller") entstand, als die Gauchos beim Schlachten diesen Teil des Rinds in kochendem Wasser schnell als Imbiss zubereiteten, während die dickeren Fleischteile langsam auf dem Grill garten
mazamorra – mit Zitronensaft angemachter Maisbrei
puchero – Eintopf in klarer Brühe mit Gemüse und Rindfleisch
queso y dulce – eine Scheibe Gouda, die mit einem gleich großen Stück festen Quitten- oder Süßkartoffelgelees belegt wird
tamales – Maismehlgericht aus dem indianischen Nordwesten, wie *humita* in Maisblätter gewickelt, aber mit Hack, gekochtem Ei und Rosinen

ESSEN & TRINKEN

geordert werden, genau wie die *guarniciones* (Beilagen). Das können *papas fritas* (Pommes frites), *papas naturales* (Salzkartoffeln) oder die erst vor kurzem wiederentdeckten *papas andinas* sein (kleine Andenkartoffeln, wie sie von den Inkas geerntet wurden). Brot bringt der Kellner unaufgefordert gleich zu Anfang. Eine Spezialität, für die man etwas Zeit mitbringen sollte, ist die *parrillada criolla*, eine am offenen Holzkohlefeuer zubereitete Platte mit Fleisch, Würsten, Kalbsbries, Nieren und anderen Innereien. Die Grillplatte wird oft auf einem kleinen Ofen serviert, der die Stücke warm hält. Zum Nachtisch gibt es häufig *queso y dulce* oder hausgemachten *flan* (Karamellpudding) mit *dulce de leche* oder einfach nur ein *helado* (Eis) oder *ensalada de frutas* (Obstsalat).

Mittags bevorzugen Argentinier leichtere Mahlzeiten, etwa ein *bife con ensalada mixta* (Steak und Salat mit Tomate) oder eine *tortilla*, die spanische Variante des Kartoffelomeletts, oder *milanesas* (dünne Schnitzel) oder Hamburger auf Steakbasis, *lomitos*, oder einfach *tostadas de jamón y queso* (Toast mit Schinken und Käse).

Das Frühstück ist nicht der Rede wert. Argentinier trinken morgens zu Hause ihren Matetee und knabbern vielleicht noch einen Kräcker dazu. Im Hotel gibts vor allem Kaffee, aber auch Tee, dazu werden *medialunas* (Hörnchen) oder *tostadas* gereicht. Außerdem kann man in Cafés und Bars jederzeit ein Frühstück ordern und befindet sich dabei in bester Gesellschaft, wenn die Argentinier ab 10 Uhr ihren Brunch einnehmen.

Das traditionelle Getränk zum Essen ist Wein. Argentinien ist der fünftgrößte Weinproduzent weltweit. 70 Prozent der Anbauflächen liegen in der Provinz Mendoza, 22 Prozent in San Juan. Aber auch Bier wird

100% Cabernet Sauvignon: der Ruca Malen aus der gleichnamigen Bodega in Mendoza

zum Essen gereicht. Neben den einheimischen blonden Quilmes und Santa Fe kommen allerlei Importbiere auf den Tisch. Nach natürlichen Fruchtsäften wird man fast immer vergeblich fragen. Es gibt sie zwar im Supermarkt, aber in den Restaurants allenfalls Orangen- oder Pampelmusensaft. Angeboten werden die gängigen Limonaden und Mineralwasser.

SILBER UND GAUCHOSÄTTEL

Kunsthandwerk nach alter Indianertradition und alles aus Leder sind die klassischen Argentiniensouvenirs

› In Argentinien wetteifert das kreolische Kunsthandwerk mit den farbenfrohen Arbeiten der Indianerstämme. Im Allgemeinen können Sie davon ausgehen, dass man indianische Teppiche und Keramikgegenstände sowie verarbeitetes Silber am günstigsten auf den Indianermärkten erstehen kann.

KUNSTHANDWERK

In Salta, Jujuy und um Buenos Aires verarbeiten die Nachfahren der Spanier in alter Tradition das Silber zu kostbaren Messern, Gürtelschnallen und Trinkgefäßen. In Salta kann man außerdem einen echten *poncho salteño* erstehen, den roten, leichten Umhang, der schon die Gauchos auf ihren Ausritten begleitete. Auf den Indianermärkten in Purmamarca und Humahuaca in der argentinischen Puna bieten Coyaindianer Teppiche, Holzschnitzereien und Töpferwaren nach inkaischem Vorbild an. Besonders schön sind die handgewebten Kostbarkeiten mit geometrischen Mustern. Sie stellen meist tanzende Götter und rituelle Tiere dar. Außerdem gibt es wunderschöne Pullover aus Schaf- oder Lamawolle, Holzflöten, Rasseln und andere indianische Rhythmusinstrumente.

Im Süden des Landes kann man in den patagonischen Anden mit etwas Glück handgewebte Wolldecken der Mapucheindianer erstehen.

Man kann sich aber auch mit kleineren Souvenirs versorgen, wie etwa einer *taba,* dem verzierten und mit Edelmetall reich beschlagenen Sprunggelenk der Kuh, das wie ein Würfelspiel benutzt wird. Oder auch mit den *boleadoras,* dem aus Rohlederstreifen geflochtenen und mit drei lederumwickelten Steinkugeln bestückten Wurfseil, das die Gauchos von den Tehuelcheindianern übernommen haben: Zwei Kugeln kreisen um den Kopf, während die dritte im richtigen Moment losgelassen wird, um die Beine des Beutetiers oder des einzufangenden Viehs einzuwickeln und es so zu Fall zu bringen.

> EINKAUFEN

■ MATETEE & ACCESSOIRES ■

Gelegenheiten zum Kauf von Mateteegefäßen aus Kürbisschale, Holz oder Metall bieten sich überall, selbst an kleinen Kiosken. Den Tee dazu, die *yerba,* gibts in jedem Supermarkt oder im Laden an der Ecke, und man sollte auf keinen Fall vergessen, die dazugehörige *bombilla,* das Metallsaugröhrchen, zu kaufen, mit der der Tee getrunken wird.

Die Beliebtheit dieses argentinischen Nationalgetränks geht auf die die Guaraníindianer zurück, die ein Gebräu aus den getrockneten Blättern des wilden Matestrauches schlürften, das ihnen jegliches Hungergefühl nahm und sie widerstandsfähig machte. Als später Jesuitenpadres unter den Guaraníes missionierten, wollten sie zunächst diese „Droge" verbieten, merkten aber, dass die Indios sehr viel härter arbeiten konnten, wenn sie ihren Tee konsumierten. Die Padres begannen selbst, Mate auszusäen. Die Teeplantagen wurden bald zur Haupteinnahmequelle der Jesuitenreduktionen in Misiones und Corrientes, wo auch heute noch ein Großteil der Bevölkerung vom Anbau des koffeinhaltigen Matetees lebt.

■ REITZUBEHÖR ■

Pferdeliebhabern werden die für die argentinische Landwirtschaft so typischen leichten Sättel und weichen Satteldecken aus Schaffell gefallen. Dazu gehören Steigbügel aus Holz und Reitgerten aus geflochtenen Lederstreifen. Argentinische Sattler sind wahre Künstler im Flechten von Zaumzeug und Trensen. Die enorme Abwertung der Währung hat die Preise von (Reit-)Stiefeln, aber auch von Lederwaren generell für Ausländer viel attraktiver gemacht. Die argentinischen Reithosen, *bombachas,* und andere Reitsportartikel bekommt man in den *talabarterías* überall im Land.

> TEMPERAMENT UND TANGO
Die riesige Metropole am Río de la Plata bittet zum Tanz

 KARTE IN DER HINTEREN UMSCHLAGKLAPPE

> Buenos Aires: Das ist der Traum vom Aufstieg, den so viele Einwanderer in den letzten Jahrhunderten geträumt haben. Und dann ist da noch die Erinnerung an die frühen Jahre der jungen Republik, als man Argentinien noch mit dem Reichtum der Viehbarone gleichsetzte. Stadtpaläste und neoklassizistische Bürohochhäuser prägen noch heute das Gesicht der Stadt und erinnern an die goldenen Zeiten. Das alte Modell des Agrarexporteurs erlebt heute unerwartet ein Revival: Das Land verdankt einen Großteil des Aufschwungs nach der schweren Krise 2001 den aktuellen internationalen Rekordpreisen für Agrarprodukte.

Die Folgen der Verarmung breiter Bevölkerungsschichten sind aber noch immer zu spüren. Die Armutsviertel ziehen sich wie ein Gürtel um die Stadt. Allein die Bundeshaupt-

Bild: Kongressgebäude an der Plaza del Congreso

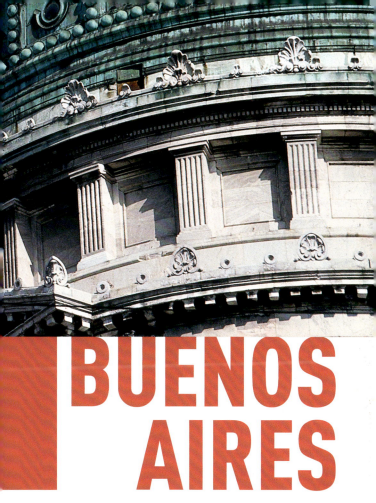

BUENOS AIRES

stadt, la Capital Federal, das Zentrum von Buenos Aires, zählt 3 Mio. Ew. Dazu kommen weitere 9,5 Mio. in den 19 Vorstädten, die in direkter Abhängigkeit von der Metropole leben.

Viele Vorstadtbewohner pendeln zur Arbeit ins Stadtzentrum. Morgens und abends ist das Verkehrschaos deshalb programmiert. Mancher Besucher fragt sich, was es mit dem Namen Buenos Aires („Gute Lüfte") angesichts der abgasverhangenen Häuserschluchten auf sich hat. Buenos Aires, das sich am Südwestufer des Río de la Plata über 70 km hinzieht und landeinwärts noch einmal über 30 km erstreckt, ist wirklich nicht die Stadt der „Guten Lüfte", wie eigentlich in Meernähe zu erwarten wäre. Über eine umweltfreundliche Abgasgesetzgebung wird erst seit Kurzem diskutiert.

Aber, verteidigen sich die Einwohner, die Stadt heiße ja eigentlich auch *Nuestra Señora del Buen Ayre* (Unsere Heilige Jungfrau der guten Luft). So jedenfalls hatte sie Don Pedro de Mendoza 1536 genannt, der Jungfrau dankend, dass sie ihm günstige Winde geschickt hatte, die ihn bis ans Ufer des Río de la Plata trugen. Er gründete einen kleinen Hafen mit einer ersten Niederlassung, die allerdings nicht lange den Angriffen der Charrúaindianer standhalten konnte. Bereits fünf Jahre später war die Kolonie aufgegeben.

1580 unternahm Juan de Garay einen zweiten Gründungsversuch. Den *Leyes de Indias* getreu, der spanischen Gesetzgebung für die Neue Welt, legte er Straßen und Plätze im Schachbrettmuster an. Aber erst als die spanische Kolonialverwaltung 1740 den Hafen von Buenos Aires der internationalen Schifffahrt öffnete, begann ein merklicher Aufschwung. Auch politisch gewann Buenos Aires an Einfluss, als es zur Hauptstadt des Vizekönigreichs vom Río de la Plata wurde.

In der neuen Metropole des Landes konzentrierten sich Handel, Verwaltung und Politik. Der Hafen garantierte ein hohes Einkommen an Zöllen, und der wirtschaftliche Aufstieg zog einen Bauboom ohnegleichen nach sich. Ab 1870 strömten vor allem italienische Einwanderer nach Argentinien. Seit Ende des 19. Jhs. ankerten bis zu 2000 Schiffe pro Jahr im Hafen von Buenos Aires. Manche von ihnen brachten statt Waren nur Einwanderer: Italiener, Spa-

Avenida 9 de Julio: In Buenos Aires präsentiert sich Argentinien schick und großstädtisch

> www.marcopolo.de/argentinien

BUENOS AIRES

nier, Juden, Araber, Armenier, Weißrussen und viele andere suchten ihr Glück in der wachsenden Metropole.

Heute ist Buenos Aires eine Stadt extremer Gegensätze. Gleich neben den luxuriösen Einkaufspalästen findet man Kinder, die auf der Straße betteln. Die hohe Arbeitslosigkeit der letzten Jahre hat Buenos Aires in dieser Hinsicht anderen Metropolen Lateinamerikas ähnlicher gemacht. Auch die Kriminalitätsrate ist gestiegen, bleibt jedoch weit hinter der von Rio oder São Paulo zurück und nimmt in jüngster Zeit wieder ab. Neben mondänen Vierteln wie La Recoleta gibt es ruhige Arbeiterviertel, in denen die Einwohner sich mit den Nachbarn auf einen Matetee treffen, wie in La Boca, Barracas oder in Villa Urquiza.

Die Einwohner der Hauptstadt, *porteños* genannt, sehen sich selbst als weltoffene, europäisch geprägte Leute. Vor allem den Einfluss der massiven italienischen Einwanderung zu Beginn des 20. Jhs. macht sich in Sprache (nämlich im *lunfardo,* dem lokalen Slang), Gestik und Improvisationskunst bemerkbar. Ihre Landsleute in den Provinzen und andere Lateinamerikaner lasten den *porteños* eine gewisse Arroganz an.

■ SEHENSWERTES

Es ist unmöglich, Buenos Aires zu Fuß zu erkunden, aber es empfiehlt sich, einige seiner *barrios* auf eigene Faust zu durchstreifen. An den Zeitungskiosken in der Innenstadt erhält man Buspläne, aber Abfahrtszeiten werden nicht angegeben, denn man kann davon ausgehen, dass die *colectivos* im Fünfminutenrhythmus fahren. Gehalten wird an jeder zweiten Straßenecke. Wer es schneller liebt, kann auf eines der zahlreichen Taxis zurückgreifen, die in Buenos Aires relativ preisgünstig sind. Empfehlenswert ist es jedoch, das Taxi über Telefon zu bestellen oder, falls man es auf der Straße anhalten muss, eins zu wählen, das einer Funktaxifirma angehört *(Radiotaxi Pídalo | Tel. 011/49 32 22 22; Radiotaxi Premium | Tel. 011/52 38 00 00).* Und schließlich verbindet auch die U-Bahn, die *subte,* alle wichtigen Stadtteile miteinander. Die sechs Linien

MARCO POLO HIGHLIGHTS

★ Palermo
Parks, Patrizierpaläste, Design und Restaurants in den vier Winkeln dieses Stadtteils (Seite 37)

★ La Boca
Hafenviertel mit italienischem Flair und bunten Häusern (Seite 35)

★ Teatro Colón
Weltklassetheater am Río de la Plata (Seite 49)

★ Museo de Arte Hispanoamericano Isaac Fernández Blanco
Prachtvolle koloniale Silberarbeiten (Seite 36)

★ San Telmo
Lebendigstes und volkstümlichstes Stadtviertel von Buenos Aires (Seite 41)

★ La Plata
Sehenswerte Stadt, 1880 am Reißbrett entworfen (Seite 50)

32 | 33

des Anfang des 20. Jhs. eingeweihten Untergrundnetzes werden seit einigen Jahren langsam ausgeweitet und modernisiert. Eine besondere Attraktion stellt die Linie A dar, die älteste, die seit 1913 unter der Avenida de Mayo und der Avenida Rivadavia verläuft: Ihre Bahnsteige sind – wie auch die der Linien B und D – mit bunten Kachelbildern dekoriert. Besonders sehenswert ist die Station Perú, und manchmal fährt auch noch einer der alten Züge. Gleichzeitig ist de U-Bahn aber auch das schnellste und billigste Verkehrsmittel in der Stadt (0,90 Pesos pro Fahrt).

Stadtrundfahrten werden von den Reisebüros in der Innenstadt angeboten. Sie geben Ihnen einen ersten Gesamteindruck der weitläufigen Metropole. Stadtführungen (auch deutschsprachige) mit Erklärungen zur Geschichte und zur Lebensart der Argentinier leitet *Ricardo Krieger (3–4 Std./1-4 Pers. 100 Euro | Tel. 011/47 99 61 68 | www.reiseinargentinien.com.ar).*

Bunte Fassaden im viel besuchten, immer noch urtümlichen Hafenviertel La Boca

AVENIDA DE MAYO [U D–E4]

Die 33 m breite Prachtstraße verbindet die Plaza del Congreso mit der Plaza de Mayo. Sie ist so stark befahren, dass man die mehrstöckigen Paläste im Stil des Art nouveau nur am Wochenende in Ruhe betrachten kann. Besonders schön ist das *Café Tortoni (Nr. 829).* Hier verkehrten bereits Artur Rubinstein, José Ortega y Gasset und Federico García Lorca. Heute ist das etwas düstere Lokal Bühne für Tangoshows und Jazzkonzerte.

Auf der *Plaza del Congreso* erinnert ein aufwendiges Monument an

> www.marcopolo.de/argentinien

BUENOS AIRES

die Nationalversammlung von 1813, dahinter erhebt sich das Kongressgebäude, Sitz des Senats und Abgeordnetenhauses. Das Parlamentsgebäude im Stil der Neorenaissance wirkt wie eine Kopie des Kapitols in Washington. Hier steht auch die Skulptur „Der Denker" von Auguste Rodin. In unmittelbarer Nähe markiert ein Monolith den Kilometerstein Null aller argentinischen Fernstraßen.

LA BOCA [0]

Das Hafenviertel südlich von San Telmo am Fluss Riachuelo hat sich seit den Zwanzigerjahren des 20. Jhs. nicht wesentlich verändert. La Boca war das Armenviertel der Großstadt. Hier fanden italienische Fischer, Basken, Kroaten und Galicier Arbeit an den Docks. Geld gab es kaum, zum Hausbau benutzte man Wellblech und Holzlatten. Oft wurden die Hafenarbeiter in Naturalien bezahlt, dazu gehörten auch die Reste von Schiffslack. So erklärt sich die pittoreske Bemalung der Behausungen. Auch heute noch werden sie von den Hafenarbeitern bewohnt. Besonders gut erhalten sind die verschachtelten Häuschen am *Caminito,* der Gasse zwischen den Straßen Magallanes und Del Valle Iberlucea.

Neben einem Kunstgewerbemarkt ist auch das *Museo de Bellas Artes de la Boca (Di–So 10–18 Uhr | Eintritt 3 Pesos | Pedro de Mendoza 1835)* sehenswert, in dem u. a. Werke des Malers Benito Quinquela Martín (1890–1977) ausgestellt werden, die das Arbeiterleben in La Boca porträtieren. Im zeitgenössischen Gegensatz zu diesem historischen Blick stehen die Ausstellungen in der ▶▶ *Fundación Proa (Di–So 11–19 Uhr | Eintritt 3 Pesos | Pedro de Mendoza 1929 | www.proa.org),* von deren Terrasse aus man einen guten Ausblick auf den Riachuelo hat. Im jüngst erweiterten Bau wurde eine große Ausstellung des französischen Künstlers Marcel Duchamp eingeweiht.

Zum Stadtteilbild gehört auch *La Bombonera,* das Stadion des popu-

> SICHER IN BUENOS AIRES
Umsichtig unterwegs in der Hauptstadt

Buenos Aires ist für lateinamerikanische Verhältnisse immer noch eine ausgesprochen sichere Stadt, wenigstens in den Gegenden, in denen Touristen normalerweise unterwegs sind. Ein gewisses Risiko besteht natürlich immer. Sie sollten besser nicht montags bis donnerstags nachts in La Boca oder San Telmo rumbummeln. Ein öfters bei Ausländern angewandter Trick: Jemand, der auf der Straße eine Wurst verzehrt, bekleckert „versehentlich" mit Senf oder Ketchup die Kleidung eines Touristen. Höflich versucht er, die Flecken zu entfernen – in dem Moment schnappt ein Komplize den Fotoapparat oder die Handtasche ... In Buenos Aires gibt es ein spezielles Polizeirevier für Touristen, wo Sie Anzeige erstatten können: *Comisaría del Turista de la Policia Federal Argentina | Av. Corrientes 436 | Tel. (gebührenfrei) 0800/999 50 00 | turista @policiafederal.gov.ar.* Allgemeiner Notruf: *911*

lärsten Fußballclubs Argentiniens, der Boca Juniors, mit seinem eigenen *Museo de la Pasión Boquense (tgl. 10–18 Uhr | Eintritt 10 Pesos, einschl. Stadionbesuch 22 Pesos | Brandsen 805 | www.museoboquense.com).*

Die besten Lokale in La Boca finden Sie an der Uferstraße Pedro de Mendoza und in deren Umgebung. *Il Matterello (Martín Rodríguez 517 | Tel. 011/43 07 05 29 | €)* und *Don Carlos (Brandsen 699 | Tel. 011/ 43 62 24 33 | €)* bewahren das typisch italienische Hafenflair mit guter Pasta- und Meeresfrüchteküche.

MANZANA DE LAS LUCES [U E5]

Von der Straße Perú 272 aus werden Rundgänge durch den historischen Stadtkern – zwischen den Straßen Bolívar, Moreno, Perú und Alsina gelegen – organisiert. Das Herz der Altstadt, auch *manzana de las luces* genannt, birgt neben der Kirche San Ignacio und der historischen Fassade der Universität auch ein geheimes Tunnelsystem aus dem 18. Jh. Die Tunnel dienten u. a. Schmugglern als Fluchtwege. *Führungen Mo 13 Uhr | Eintritt frei | Mo–Fr 15 und Sa/So 15, 16.30 und 18 Uhr | Eintritt 5 Pesos | www.manzanadelasluces.gov.ar)*

MUSEO DE ARTE LATINOAMERICANO (MALBA) [U C1]

Die private Sammlung von Eduardo Constantini und große Gastausstellungen moderner lateinamerikanischer Kunst im neuesten Museumsgebäude der Stadt. *Do–Mo 12–20, Mi 12–21 Uhr | Eintritt 14 Pesos, Mi frei | Av. Figueroa Alcorta 3415 | www.malba.org.ar*

MUSEO DE ARTE HISPANOAMERICANO ISAAC FERNÁNDEZ BLANCO ★ [U E2]

Schon das Gebäude selbst lohnt einen Besuch. Hinter der kolonialen Fassade verbergen sich reich bepflanzte Patios und die umfangreichste öffentliche Sammlung kolonialen Silbers in Südamerika. *Di–So 14–19 Uhr; Jan. geschl. | Eintritt 1 Peso, Do frei | Suipacha 1422*

> ## LOW BUDGET

> - Von der Website der Stadt Buenos Aires kann man gratis mehr als 150 Führungen zu Sehenswürdigkeiten der Stadt im MP3-Format herunterladen (auf Englisch, Spanisch oder Portugiesisch), mit kurzen Interviews und musikalischen Illustrationen. Sie können auch *8283 auf Ihrem Handy wählen, um die Führungen vor Ort zu hören, oder sich einfach den Text ausdrucken. *www.buenosaires.gov.ar/areas/turismo/audioguia*

> - Viele *porteños* stecken in den letzten Jahren ihre Ersparnisse in ein möbliertes Apartment, das sie an Touristen vermieten. Mittlerweile besteht bereits ein großes Angebot, das über Agenturen *(www.aloargentina.com, www.4rentargentina.com)* vermietet wird: pro Tag ab 20 Euro oder pro Woche ab 130 Euro.

> - Die *carritos* genannten Grillbuden im Palermopark – z. B. am Planetarium – und am Flussufer auf der Costanera Norte und der Costanera Sur sind von weit her erkennbar am unwiderstehlichen Duft der *chorizos*, der typischen Bratwürste. Im Brot als *choripán* serviert, bekommt man sie schon für 5 Pesos!

BUENOS AIRES

MUSEO DE ARTE POPULAR JOSÉ HERNÁNDEZ [U C1]

Das liebevoll eingerichtete Museum beherbergt Kunsthandwerk aus der Zeit der Gauchos und Ureinwohner des La-Plata-Raums und eine auf Gaucholiteratur spezialisierte Bibliothek. Es wird Indianer- und Gauchohandwerk verkauft. *Mi–Fr 13–19, Sa/So 10–20 Uhr, Feb. geschl. | Eintritt 3 Pesos | Av. Libertador 2373 | www.museohernandez.org.ar*

MUSEO NACIONAL DE BELLAS ARTES [U D2]

Den schönen Künsten gewidmet, stellt das Museum neben Impressionisten und argentinischen Künstlern eine neue ==ständige Sammlung präkolumbischer Kunst== aus der Andenregion aus. *Di–Fr 12.30–19.30, Sa/So 9.30–19.30 Uhr | Eintritt frei | Av. del Libertador 1473 | www.mnba.org.ar*

MUSEO EDUARDO SÍVORI [O]

Das kleine Museum im Palermopark stellt Werke zeitgenössischer argentinischer Künstler aus. *Di–Fr 12–20, Sa/So 10–20 Uhr | Eintritt 1 Peso, Mi frei | Av. Paseo de la Infanta 555 | www.museosivori.org.ar*

PALERMO ★ [U A-C1-2]

Das Stadtviertel Palermo teilt sich in vier: das schicke *Palermo Chico* [U C1], das Designerviertel *Palermo Viejo* [U A2], daneben das vom Showbusiness geprägte *Palermo Hollywood* und das eigentliche *Palermo* [U B1-2], wo sich die große Parkanlage der Bosques de Palermo ausbreitet.

Knotenpunkt des Stadtteils ist die *Plaza Italia* [U A1], Haltestelle für Busse aus allen Richtungen und für die grün gekennzeichnete U-Bahn-Linie D. Von dort aus kann man die

Museo Nacional de Bellas Artes: Fast 700 Werke gehören zur ständigen Sammlung

36 | 37

Sehenswürdigkeiten des *barrios* bequem zu Fuß erreichen. Folgen Sie der Avenida Sarmiento nordostwärts, können Sie im Park, der im Frühling unter den Blüten der zahlreichen Jakarandabäume lila leuchtet, durch den Rosengarten oder im *Jardín Japonés* spazieren, den Südhimmel im *Planetarium (Sa/So 14–19 Uhr | Eintritt 4 Pesos | Av. Sarmiento/Av. Figueroa Alcorta | www.planetario.gov.ar)* kennenlernen, ein Polospiel im *Campo de Polo (Av. Libertador/Av. Dorrego)* oder ein Pferderennen gegenüber im *Hipódromo* erleben.

Zurück an der Plaza Italia, können Sie den Zoo *(Jardín Zoológico)* durchkreuzen und sich im Schatten der rund 5000 Pflanzenarten im Botanischen Garten *(Jardín Botánico)* vom Spaziergang ausruhen. Dort steht auch der *ombú*, der für Antoine de Saint-Exupérys Affenbrotbaum des „Kleinen Prinzen" Modell stand.

In Palermo Chico, südöstlich vom Park die Avenida Libertador und Figueroa Alcorta entlang, befinden sich die Paläste im neoklassizistischen französischen Stil, die sich die reichen *estanciero*-Familien bauen ließen. Heute sind viele von ihnen Sitz ausländischer Botschaften. Im Palacio Errázuriz befinden sich das *Museo Nacional de Arte Decorativo (Di–So 14–19 Uhr | Eintritt 2 Pesos | Av. Libertador 1902,* **[U C2]** *| www.mnad.org.ar)*, das mit seiner Möbelausstellung die Pracht der Patrizierwohnung hervorhebt, und das nette Restaurant *Croque Madame (So-Abend und Mo geschl. | Tel. 011/48 06 86 39 | €€)*.

Palermo Viejo hat sein Zentrum auf der ▶▶ *Plaza Cortázar,* wo sich die Straßen Jorge Luis Borges (oft auch Serrano genannt, wie sie weiter westwärts noch heißt) und Honduras treffen. Cafés, Restaurants und Bars mischen sich mit zahlreichen originellen Mode- und Designläden in dem Soho der *porteños*. Geht man die Honduras aufwärts in Richtung

> RETRO AUF ARGENTINISCH
Die Wiederentdeckung der traditionellen pulperías

Die Gauchos kauften ihre *yerba mate* in der *pulpería*, dem Kramladen, in dem sie sich auch Arbeitskleidung und Tabak besorgten und sich ein Glas Wein einschenken ließen. Einige wenige *pulperías* haben in Buenos Aires, San Antonio de Areco *(La Blanqueada, Bar El Resorte, Pulpería Don Ricardo, Almacén Los Principios)* und anderen Städten überlebt. In jüngster Zeit werden sie von neuen, jungen Gästen wiederentdeckt, die in der Tradition des Gläschens Wermut oder Genever zur traditionellen *picada* (Oliven, Käse, Salami) einen Ausgleich suchen zum Übermaß an *cool* und *fashion* – z. B. im *El Federal (Uriarte 1667,* **[U A2]***)* in Palermo. Im selben Stadtteil befindet sich im Theatersaal *Chacarerean Teatre (Nicaragua 5565* **[O]** *| www.chacarereanteatre.com.ar)* eine Theke im *pulpería*-Stil, um vor der Vorstellung ein Glas Wein zur *picada* mit der besten Wurst zu genießen. Auch im ▶▶ *Restaurant Cumaná (Rodríguez Peña 1149,* **[U D3]***)* findet man das Ambiente der *pulperías* wieder.

BUENOS AIRES

der steigenden Hausnummern, durch eine Bahnunterführung und über die Avenida Juan B. Justo, kommt man nach wenigen Blocks auf die Kreuzung mit der Straße Bonpland ins Zentrum des sogenannten ▶▶ *Palermo Hollywood,* wo sich in der Umgebung des Rundfunk- und Fernsehsenders América die Gastronomie noch vervielfältigt und das Nachtleben praktisch nie ruht.

denten. Vom Balkon der Casa Rosada aus hielten die Präsidenten ihre Reden, und nicht selten wurde das Militär eingesetzt, um den Platz von Demonstranten zu räumen. Nicht ohne Grund haben die Mütter und Großmütter der Verschwundenen *(www.abuelas.org.ar, www.madres.*

Unterwegs in Palermo Viejo, dem angesagten Designerviertel der Hauptstadt

PLAZA DE MAYO [U E4–5]

Seit 1580 ist die Plaza de Mayo das Herz der Stadt. Hier steht auch der alte *Cabildo* (Rathaus) von 1765 mit seiner zweistöckigen Arkadenfassade und einem Mittelturm. Gegenüber dem Cabildo steht an der Ostseite des Platzes die *Casa Rosada* (1873 bis 1894), der Amtssitz des Staatspräsi-

org, www.madresfundadoras.org.ar) der Militärdiktatur sich diesen Ort für ihre wöchentlichen Demonstrationen (Do 15.30 Uhr) ausgesucht.

Am Südende der Plaza stehen das Finanz- und das Sozialministerium, am Nordende das prächtige Gebäude der Nationalbank, des *Banco de la Nación Argentina,* aus dem Jahr 1939. An der Ecke zur Straße San Martín beeindruckt die *Kathedrale* (im 17. Jh. geweiht, aber mehrmals umgebaut, die heutige neoklassizistische Fassade ist aus dem Jahr 1821). Während der peronistischen Unruhen 1955 wurde die Innenausstattung schwer beschädigt, erhalten blieb das 1878 geschaffene Grabmal für den argentinischen Freiheitskämpfer José de San Martín (1778–1850).

PUERTO MADERO [U F4–6]

Das aufgefrischte Hafenviertel Puerto Madero hat sich zum Ziel für kulinarische Ausflüge gemausert. Besonderen Reiz hat der Blick auf die Stadt, den man vom neueren ☀ Ostufer der Docklandschaft aus gewinnt.

Die Plaza de Mayo ist das Herz der Hauptstadt, wenn nicht ganz Argentiniens

Spaziergänge zwischen den architektonisch interessanten Neubauten auf den alten Docks werden meist mit einem Besuch in einem Restaurant beendet. Dabei ist die Auswahl recht groß: *Katrine (Av. Alicia Moreau de Justo 138 | Tel. 011/43 15 62 21 | €€–€€€)* bietet gegrillten Lachs mit Avocadomousse. *El Mirasol (Av. Alicia Moreau de Justo 202 | Tel. 011/ 43 15 62 77 | www.elmirasol.com.ar | €€)* gehört zu den guten *parrillas* der Sadt. Abends kann man in *Asia de Cuba (Pierina Dealessi 750 | Tel. 011/48 94 13 28 | www.asiadecuba. com.ar | €€)* exotisch essen und ab 1 Uhr zur Disko bleiben. Ein exquisites Steakrestaurant ist das *Cabaña Las Lilas (Av. Alicia Moreau de Justo 516 | Tel. 011/43 13 13 36 | €€€).* Viele Restaurants haben eine ☀ Terrasse mit Blick auf das träge dahinfließende Wasser der ehemaligen Hafendocks des Río de la Plata, an denen heute Yachten anlegen, etwa das ▶▶ *BAS (Olga Cossettini/Victoria Ocampo | Tel. 011/43 12 20 37 | €€)*, das Restaurant im Yachtclub. www. zonapuertomadero.com, www.nuevo madero.com, www.restospuertomade ro.com.ar

RECOLETA [U C-E2-3]

Hier zeigt sich Buenos Aires überraschend französisch. Seit 1880 entwickelte sich der elegante Stadtteil zur Residenz der liberalen Oligarchie des Landes. Prunkpaläste wie die heutige *französische Botschaft (Cerrito 1399)*, die *brasilianische Botschaft (Arroyo/Cerrito)*, das ebenfalls in einer Patrizierresidenz eingerichtete *Palacio Duhau Park Hyatt Hotel (Alvear 1661)* oder auch der elitäre Jo-

BUENOS AIRES

ckey-Club *(Av. Alvear 1345)* erinnern an die wirtschaftlichen Glanzzeiten der vorletzten Jahrhundertwende. Heute sind die extravaganten Bauten längst zwischen Büro- und Apartmenthäusern eingekeilt. Edelboutiquen liegen vor allem zwischen den Nummern 1700 und 1900 in der ▶▶ *Avenida Alvear* und ▶▶ *Avenida Presidente Quintana.*

Gegenüber der Flaniermeile, am anderen Ende der *Plaza Francia (Av. Libertador/Av. Pueyrredón),* auf der sich am Wochenende ein Künstlermarkt ausbreitet, liegt der *Friedhof von Recoleta.* Der Besuch in der gemauerten Totenstadt mag befremden. Erdbestattungen sind in Argentinien selten und nur für fünf Jahre zulässig. So findet die Beisetzung in monumentalen Bauten, *bóvedas,* oder in Mauernischen mit Schubfächern statt. Mit hohen Rollleitern stecken Friedhofswärter die dargebrachten Blumen in Metallvasen. Unter den Grabmonumenten sind auch die vieler Staatspräsidenten Argentiniens und das der legendären Evita Perón.

SAN TELMO ★ [U E–F6]

Einst die vornehmste Wohngegend der Hauptstadt, wurde der Stadtteil San Telmo Ende des 19. Jhs. fluchtartig von den Bürgern verlassen, als hier eine Gelbfieberepidemie ausbrach. Wer es sich leisten konnte, zog aufs Land, nach San Isidro, das nun zur neuen Residenz der vornehmen *porteños* wurde. Die riesigen Herrenhäuser in San Telmo wurden unterdessen zu Mietskasernen für Immigranten umfunktioniert, viele kleine Läden und Hinterzimmerkneipen entstanden in jener Zeit.

Schmuddelige Hinterhöfe und enge Kopfsteinpflasterstraßen prägen auch heute noch das Bild des romantischen Stadtteils. Rund um die *Plaza Dorrego,* auf der sonntags ein belieb-

Straßenszene in San Telmo, dem quirligen Ausgehviertel der *porteños*

ter Flohmarkt stattfindet, gruppieren sich Antiquitätengeschäfte und Tangocafés. Längst haben auch die *porteños* San Telmo wiederentdeckt und besuchen seine vielen Restaurants.

▶ ESSEN & TRINKEN

In den letzten Jahren hat sich nicht nur das Angebot an Ethnoküche vervielfältigt, sondern auch eine Generation von Köchen gebildet, die in den lokalen Traditionen Inspiration für originelle und zeitgenössische Speisekarten finden.

BIO ▶▶ [O]
Makrobiotische Speisekarte im grünen Lokal in Palermo. *Humboldt 2199/ Guatemala | Tel. 011/47 74 38 80 | €–€€*

LA BRIGADA [U E6]
Nach einer Umfrage unter Gastrojournalisten eine der besten *parrillas* in Buenos Aires mitten im historischen San Telmo. *Estados Unidos 465 | Tel. 011/43 61 55 57 | €€*

CLUB EROS [O]
Einfache Küche in einem viel besuchten Clubrestaurant in Palermo mit reichlich irreführendem Namen. *Uriarte 1609/Honduras | Tel. 011/ 48 32 13 13 | €*

EL CUARTITO [U D3]
Die Wände dieser klassischen Pizzeria sind mit Fotos argentinischer Sportler und Filme tapeziert. Die *fugazetta* (Zwiebelpizza mit Käse) gehört zu den Spezialitäten des Hauses. *Talcahuano 937 | Tel. 011/ 48 16 43 31 | €*

FILO ▶▶ [U E3]
Moderne italienische Küche, buntes Ambiente und DJs. *San Martín 975 | Tel. 011/43 11 03 12 | www.filo-ristorante.com | €€*

LOS INMORTALES [U D4]
Traditionelles Pizzarestaurant, seit einem halben Jahrhundert Treffpunkt nach Kino und Theater, mit unzähligen Fotos der Tangogrößen dekoriert, von Carlos Gardel bis Astor Piazzolla. *Av. Corrientes 1369 | Tel. 011/43 73 53 03 | www.losinmortales.net | €*

LEZAMA [U E6]
Vor dem gleichnamigen Park in San Telmo ein typisches Restaurant mit vielen Stammgästen: freundliche, kompetente Kellner, auf deren Tipps Verlass ist, einfache, schmackhafte Gerichte in spanisch-italienischer Tradition, lebendiges Ambiente. *Brasil 359 | Tel. 011/43 61 01 14 | €*

EL OBRERO [O]
In der alten Kneipe der Arbeiter von Boca lassen sich heute sogar Wim Wenders oder Bono sehen. Zinntheke und solides Menü. *Caffarena 64 | Tel. 011/43 62 99 12 | €*

DE OLIVAS I LUSTRES [U A3]
Die Speisekarte folgt der Tradition der spanischen Tapas: In fein ausgearbeiteten Varianten folgen kleine Delikatessen aufeinander, auch unter den Nachspeisen. *Gorriti 3972 | Tel. 011/48 67 33 88 | www.deolivasilustres.com.ar | €–€€*

OVIEDO [U C3]
Fisch und Meeresfrüchte in bester spanischer Tradition. *Berutti 2602 | Tel. 011/48 21 37 41 | www.oviedoresto.com.ar | €€€*

PATAGONIA SUR [O]
Argentinische Küche auf feinste Art vom international anerkannten Chef Francis Mallman in einem typischen Haus des Bocaviertels. *Vuelta de Rocha 803 | Tel. 011/43 03 59 17 | www.restaurantepatagoniasur.com | €€€*

EL REPECHO [U E6]
Traditionelle *parrilla* in einem Haus vom Anfang des 19. Jhs. *Carlos Calvo 242 | Tel. 011/43 61 12 69 | €–€€*

> *www.marcopolo.de/argentinien*

BUENOS AIRES

TOMO I [U E4]
Ada Concaro führt seit 25 Jahren die beste Küche in Buenos Aires – nach übereinstimmender Meinung der beiden meistgelesenen Restaurantguides der Stadt. Wenige, einfache Zutaten in exquisite Speisen zu verwandeln, das ist ihre Kunst. *Carlos Pellegrini 521, Zwischenstock im Gebäude des Hotel Panamericano | Tel. 011/ 43 26 66 95 | www.tomo1.com.ar |* €€€

■ EINKAUFEN

ACCESSOIRES & SCHMUCK
Origineller Modeschmuck bei *Susana Cruz (Av. Callao 1751,* [U D2]*), La Mercería (Armenia 1609,* [U A2]*), Condimentos (Honduras 4874,* [0]*)* **Insider Tipp** und *Luna Garçon (Libertad 1185,* [U D3]*)*. Modernen Schmuck bietet *María Medici (Thames 1565,* [0] *| www.mariamedici.com.ar)*. Zeitgenössisches Design und allerlei Objekte in traditionellen und unkonventionellen Materialien finden sich bei *Calma Chicha (Honduras 4925,* [0]*)* und in extravaganter Form auch im *Vade Retro (Thames 1612,* [0]*)*, wo ein alter Fernsehschirm in einen koketten Spiegel umgewandelt werden kann.

BÜCHER & PRESSE
Buenos Aires hat eine starke Verlegertradition. Eine gute Bücherauswahl findet man bei *Cúspide (Vicente López 2050,* [U C-D2]*, Florida 628,* [U E4]*, und Corrientes 1316,* [U D4] *| www.cuspide.com), Prometeo (Corrientes 1916,* [U D4]*, und Honduras/ Gurruchaga,* [0] *| www.prometeolibros.com.ar)*, dem Ladengeschäft des Universitätsverlags *Eudeba (Av. Rivadavia 1573,* [U D4]*) | www.eudeba.com.ar)*, und bei *El Ateneo (Florida 340,* [U E4]*, und Av. Santa Fe 1860,* [U D3]*) | www.tematika.com)* – die größte Buchhandlung Südamerikas, in einem ehemaligen Kinosaal. Im Antiquariat *Librería Henschel (|Reconquista 533,* [U E4] *| www.buch-henschel.com.ar)* **Insider Tipp** stöbert man zwischen alten Reiseberichten über Argentinien, Stadtansichten und Landkarten – auch auf Deutsch und Englisch. In der Bibliothek vom *Goethe-Institut (Corrientes 319,* [U E4] *| www.goethe.de/buenosaires)* liegen deutschsprachige Literatur, Sachbücher und Zeitschriften aus. Die Zeitungskioske auf der Fußgängerstraße Florida führen internationale Presse.

Ein Matetee geht immer!

KAUFHÄUSER

Insider Tipp *Ada B.* (Azcuénaga 1686, [U C2-3]) ist halb Boutique, halb Antiquariat und wirkt wie Großmutters Dachboden. Zu ausgedehnterem Schaufensterbummeln laden die großen Einkaufszentren ein. Die wichtigsten sind: *Galerías Pacífico (Florida/Córdoba,* [U E3]*), Shopping Alto Palermo (Av. Coronel Díaz 2098,* [U B2]*), Patio Bullrich (Av. del Libertador 740,* [U D-E2]*), Paseo Alcorta (Salguero 3172,* [U C1]*), Buenos Aires Design Center (Av. Pueyrredón/Av. Libertador,* [U D2]*)* und das im Artdéco-Gebäude des ehemaligen zentralen Gemüsemarkts der Stadt installierte *Shopping Abasto (Corrientes/Agüero,* [U B4]*)*.

KUNSTGEWERBE

Die *Flohmärkte* von San Telmo und San Isidro laden sonntags zum Bummeln ein. Die ganze Woche über geöffnet haben die Antiquitätengeschäfte rund um die *Plaza Dorrego* [U E6] in San Telmo zwischen Carlos Calvo, Defensa und Bolívar. Für alle, die nicht beabsichtigen, Salta, Jujuy und Humahuaca zu besuchen, besteht aber die Möglichkeit, sich bei *Kelly's (Juana Manso 1596/Puerto Madero,* [U F5]*), Cuenca del Plata (Agüero 1682,* [U C2]*)* oder *Las Dos Vicuñas (Sucre 2380/Belgrano,* [0]*)* mit Kunsthandwerk aus dem Nordwesten einzudecken. Ponchos und andere Textilien aus dem Nordwesten bekommt man in ausgezeichneter Qualität und Auswahl bei **Insider Tipp** *Humus (Scalabrini Ortiz 3355,* [U B-C1] | *www.humusargentina.com.ar)* in einem Apartment, das Mo bis Fr von 14 bis 20 Uhr dem Publikum offen steht.

LEDERWAREN

In den Ladengalerien der zentralen Fußgängerstraßen *Florida* und *Lavalle* sowie in den angrenzenden Straßen gibt es zahlreiche Ledergeschäfte. Die Abwertung des Pesos von einer 1:1-Parität zum Dollar zu einem Verhältnis von ca. 1:3 hat Lederwaren zum beliebtesten Einkaufsobjekt für Touristen gemacht. Typische Mitbringsel sind originelle Handtaschen: *Casa López (Marcelo T. de Alvear 640 und 658,* [U E3]*)*, oder *Galerías Pacífico, Local 241, Florida/Córdoba,* [U E3] | *www.casalopez.com.ar)* oder *François Saber (Rodríguez Peña 1986,* [U D3]*)*. Avantgardistisches Lederdesign gibts in Palermo Viejo bei **Insider Tipp** *Uma (Honduras 5225,* [0]*)*. **Insider Tipp** Lederkleidung zum besten Preis findet man auf der Höhe der Nummern 600–700 der Straße *Murillo* [0] in Chacarita *(Murillo 666, Siciliano, SLM, El Calafate)*. Exklusiv und teuer ist hingegen *La Martina (Av. Alvear 1920,* [U D2] | *www.lamartinacueros.com)*.

Elegante Damenschuhe bietet *Ricky Sarkany* im *Shopping Patio Bullrich (Av. Libertador 740,* [U E2]*)*. Herrenschuhgeschäfte konzentrieren sich hauptsächlich in der Fußgängerzone *Florida* [U E3-4] zwischen Avenida Santa Fe und Avenida Corrientes.

MUSIK

Vinyl, DVDs und CDs kauft man günstig in der Fußgängerzone *Florida* [U E3-4] oder auf der *Avenida Corrientes* zwischen Avenida 9 de Julio und Avenida Callao [U D4]. An der letzteren Ecke befindet sich *Zival's,* ein Lokal mit ausgezeichneter Tangoauswahl und gutem CD-Sortiment.

> *www.marcopolo.de/argentinien*

BUENOS AIRES

SECONDHANDKLEIDUNG
Kleider aus den Sechziger- und Siebziger- sowie Hüte aus den Vierziger- und Fünfzigerjahren führen *Salamanca (Pasaje Santa Rosa 5038 an der Plaza Cortázar in Palermo,* [O] | *Di–Do 16–23 Uhr)* und *Feria Alma Zen (Anchorena 660,* [U B3] | *www.feriaalmazen.com.ar).*

ÜBERNACHTEN

CASA ALFARO [U A2]
Bed & Breakfast in Palermo, elf Zimmer gruppieren sich um einen Patio und Garten. *Gurruchaga 2155 | Tel. 011/48 31 05 17 | www.casaalfaro.com.ar | €€*

CHE LAGARTO ▶▶ [U E5]
Hostel in San Telmo, beliebter Treffpunkt junger Reisender. 100 Betten in 20 Zimmern. *Venezuela 857 | Tel. 011/43 43 48 45 | www.chelagarto.com | €–€€*

CHE LULÚ [U A2]
Als Avantgardehotel bezeichnet sich dieses Haus der Trendy Hotels Group. 8 Zi. | *Emilio Zolá 5185 | Tel. 011/47 72 02 89 | www.chelulu.com | €€*

THE COCKER [U E6]
Die fünf Zimmer in einem alten Haus in San Telmo wurden von den englischen Gastgebern liebevoll eingerichtet. *Av. Juan de Garay 458 | Tel. 011/43 62 84 51 | www.thecocker.com | €€–€€€*

ESPLENDOR [U E3] *Insider Tipp*
Modernes Design im ältesten Hotel der Stadt. Zentral gelegen, ausge-

Auf der Plaza Dorrego herrscht die ganze Woche über Flohmarktatmosphäre

zeichneter Service. *51 Zi.* | *San Martin 780* | *Tel. 011/52 17 57 00* | *www.esplendorbuenosaires.com* | €€€

FAENA HOTEL [U F5]
Ein altes Dockgebäude in Puerto Madero, von den Topdesignern Alan Faena und Philippe Starck in ein Luxushotel im leicht dekadent gefärbten Stil der Belle Époque umgewandelt. *110 Zi.* | *Martha Salotti 445* | *Tel. 011/40 10 90 00* | *Fax 40 10 90 01* | *www.faenahotelanduniverse.com* | €€€

Insider Tipp 5FIVE [U A2]
Neu eingeweihtes Hotel in Palermo mit 16 nordargentinisch inspirierten Zimmern. *Honduras 4742* | *Tel. 011/52 35 55 55* | *www.fivebuenosaires.com* | €€€

GRAN HOTEL HISPANO [U E4–5]
Die 60 Zimmer reihen sich um einen spanischen Innenhof. *Av. de Mayo 861* | *Tel. 011/43 45 20 20* | *Fax 43 31 52 66* | *www.hhispano.com.ar* | €€

HOME HOTEL [O]
Ein neues Hotel in Palermo mit 19 Zimmern, Swimmingpool, Spa und Restaurant. *Honduras 5860* | *Tel. 011/47 78 10 08* | *www.homebuenosaires.com* | €€€

NH JOUSTEN [U E4]
Stilvoller Bau aus dem Jahr 1928, zentral in der City gelegen und jüngst restauriert. *84 Zi.* | *Corrientes 280* | *Tel. 011/43 21 67 59* | *www.nh-hotels.com* | €€€

LIVIAN GUEST HOUSE [U A3]
Sechs Zimmer in einem alten Haus, in dem bildende Kunst und Musik die Atmosphäre prägen. *Palestina 1184* | *Tel. 011/48 62 88 41* | *www.livianguesthouse.com.ar* | €€

Die nächtliche Avenida Corrientes ist die Kinomeile der Hauptstadt

BUENOS AIRES

RECOLETA HOSTEL [U D3]
Jugendhotel mit 30 Zimmern, Hostelling International angeschlossen. *Libertad 1216 | Tel. 011/48 12 44 19 | www.trhostels.com.ar |* €

TANGO CITY [U E5]
Hostel mit 102 Betten und Internetzugang in San Telmo; vor allem junge Europäer und Nordamerikaner. *Piedras 680 | Tel./Fax 011/43 00 57 64 | www.hitangocity.com |* €

AM ABEND

Buenos Aires bietet ein breites Abendprogramm. Nach 22 Uhr strömen die Nachtschwärmer in die City, nach San Telmo, Palermo und Recoleta. Man legt Wert auf elegante Kleidung, allerdings sind, kombiniert mit witzigem Zubehör, auch Jeans und Turnschuhe stadtfein. Aktuelle Infos auf *www.vuenosairez.com* und *www.wipe.com.ar.*

CAFÉS
Die Cafés an allen Ecken geben der Stadt einen gemütlichen Charakterzug und sind ein angenehmes Gegengewicht zur Hektik des Straßenlebens. Tango und Nostalgie gehören zum Flair dazu. Das *Café Tortoni (Av. de Mayo 829,* [U E4]*),* das etwas heruntergekommene *Café Ideal (Suipacha 384,* [U E4]*)* und das neu aufgeputzte *Las Violetas (Medrano/Av. Rivadavia,* [U A5]*)* gehören zu den traditionellsten. Aber auch im anspruchsvollen *La Biela (Quintana/Ortiz,* [U D2]*)* in Recoleta oder im bescheideneren *Varela Varelita (Scalabrini Ortiz/Paraguay,* [U A2]*)* wurde viel des Alltags und der Geschichte der *porteños* entschieden oder wenigstens ausgiebig besprochen.

KINO
Wer gern ins Kino geht, findet auf der *Avenida Corrientes* [U D4] die traditionelle Kinostrecke der City. Über 220 Kinosäle bieten ein breites Filmangebot, das auch für nicht Spanisch Sprechende interessant ist, denn alle Filme laufen im Original mit spanischen Untertiteln. Raritäten werden im Kino des Stadttheaters San Martín *(Sala Lugones, Corrientes 1530,* [U D4]*)* und im *Cine Cosmos (Corrientes 2042,* [U C–D4]*),* argentinische Filme im *Complejo Tita Merello (Suipacha 442,* [U E4]*)* gezeigt. Es gibt täglich bis zu sechs Vorführungen in jedem Haus, samstags eine Spätvorstellung ab 1 Uhr. *Eintritt 12–15 Pesos, Mo–Do vor 17 Uhr 9 Pesos*

MUSIK & DISKOTHEKEN
Im *Milión (Paraná 1048,* [U D3]*),* einem dreistöckigen, 100-jährigen

Insider Tipp

Haus, trifft sich im Innern oder im Garten internationales Publikum allen Alters zu Bier, Imbiss, Musik und Kunst. Salsa, Bolero und Merengue wird im *Azúcar (Corrientes 3330,* [U B4] *| www.azucarsalsa.com)* und im *La Salsera (Yatay 961,* [0] *| www.lasalsera.com)* gelehrt und getanzt.

Zu den beliebtesten Diskos gehören *Pachá* direkt am Río de la Plata *(Av. Rafael Obligado/Pampa an der Costanera Norte,* [0]*) und Niceto (Niceto Vega/Humboldt,* [0]*).* In den Arkaden unter der Bahn zählt *The Roxy (Casares/Av. Sarmiento,* [0] *| www.theroxybsas.com.ar)* zu den viel besuchten Stationen des Nachtlebens. Die drei zeitgenössisch dekorierten Etagen im Kimia *(Av. Santa Fe 5001,* [U A1] *| www.kimiabar.com.ar)* bieten Gelegenheit zum Essen, Tanzen und Biertrinken auf der Terrasse. In einer von Gustave Eiffel gebauten ehemaligen Fabrik glänzt die Disko *Club Museum (Perú 535,* [U E5] *| www.clubmuseum.com.ar).* Einen guten Drink zur Happy-Hour bekommt man am Abend nach Büroschluss im *Piso 20 (*[U E4] *| Corrientes 222)* mit weiter Sicht über Hafen und Fluss sowie im *Gran Danzón (*[U D3] *| Libertad 1161)* mit seiner großen Weinauswahl und gelegentlichem Livejazz. In beiden Lokalen kann man auch gut essen.

Insider Tipp

TANGO

Wer mag, kann in der Tangohauptstadt abends Tanzunterricht nehmen. Wer es wagt, kann auch im Gricel *(La Rioja 1180,* [U B6]*)* Tango tanzen oder auch nur vom Tisch aus zuschauen, wie die Paare auf dem Parkett komplizierte Figuren beschrei-

Insider Tipp

ben. Weitere Lokale: *Torquato Tasso (Defensa 1575,* [U E6] *| Tel. 011/43 07 65 06), La Viruta (Armenia 1366,* [0] *| Tel. 011/47 74 63 57), Salón Canning (Scalabrini Ortiz 1331,* [U A2–3] *| Tel. 011/48 32 67 53), Club Sunderland (Lugones 3161,* [0] *| Tel. 011/45 41 97 76)* oder *Sin Rumbo (Tamborini 6157,* [0] *| Tel. 011/45 71 95 77),* die beiden Letztgenannten im Stadtteil Saavedra.

Die Tanzveranstaltungen beginnen etwa um 22 Uhr ein- oder zweimal in der Woche pro Saal, sodass man jeden Tag woanders tanzen kann. Etwa zwei Stunden vor dem öffentlichen Tanz, der *milonga*, wird in den meisten Sälen für rund 10 Pesos pro Person das Tangotanzen gelehrt.

Künstlerische Tangoshows gibt es z. B. im *Señor Tango (tgl. ab 20.15 Uhr | Vieytes 1655,* [0] *| Tel. 011/43 03 02 31 | Eintritt mit Abendessen 50–90 Euro, reservieren!)* und in der *Esquina Carlos Gardel (Carlos Gardel 3200,* [U B4] *| Tel. 011/48 67 63 63 | 50–100 Euro).* Tango mit großem Orchester (am Wochenende unbedingt vorbestellen!) bieten *Madero Tango (Alicia Moreau de Justo/Brasil,* [U F6] *| Tel. 011/43 14 66 88 | 50–100 Euro)* und *El Viejo Almacén (Balcarce 799,* [U E5] *| Tel. 011/43 07 73 88 | 35–50 Euro).*

Intimer als in den großen Touristenshows erlebt man die getanzte Geschichte des Tangos im *El Barracas (Villarino 2359, Estación Hipólito Yrigoyen, Barracas,* [U E5] *| Tel. 011/43 01 67 58 | 110 Euro mit Abendessen | www.elbarracas.com.ar).* Im *12 de Octubre (Di–Fr abends | Bulnes 33,* [U A4] *| Tel. 011/48 62 04 15 | www.barderoberto.com.ar)* – auch

Die Kuppel im Hauptsaal des Teatro Colón ist stattliche 43 m hoch

Bar de Roberto genannt – sowie im *El Chino* *(Fr/Sa abends | Beazley 3566, [0] | Tel. 011/49 11 02 15)* singen noch wie in den alten Bars der Vorstädte mehr oder weniger professionelle Stammgäste einfach mit einer Gitarre am Tisch oder sogar a cappella.

Auf der Website *www.tangodata. gov.ar* des argentinischen Kultursekretariats findet man ausgiebige aktuelle Informationen (auch auf Englisch) über Tangokurse, Shows und Tanzveranstaltungen („Milongas"). Eine weitere Website zum Tango in Buenos Aires ist *www. todotango.com*.

Im Stadtteil Abasto kann man das Haus von Carlos Gardel besuchen *(Museo Casa Carlos Gardel | Mo und Mi–Fr 11–18, Sa/So 10–19 Uhr | Eintritt 3 Pesos | Jean Jaurés 735,* **[U B3-4]** *| www.museos.buenosaires. gov.ar)*.

THEATER & OPER

Das legendäre Opernhaus ⭐ *Teatro Colón (Cerrito zwischen Tucumán und Viamonte,* **[U D-E4]** *| www.teatro colon.org.ar)* kann zurzeit nur von außen bewundert werden, bis die Restaurierungsarbeiten voraussichtlich 2010 beendet sind. Manchmal werden aber bereits wieder Ausstellungen im Theater organisiert und eventuell 2009 auch die Führungen wieder aufgenommen.

Argentiniens Metropole zählt um die 200 Theatersäle, von denen etwa die Hälfte dem sogenannten *teatro independiente* angehören, dem unabhängigen Theater *(www.alternativa teatral.com),* das mit der Krise der letzten Jahre ein Aufblühen als kollektiver Treffpunkt der *porteños* erlebte. Zu den besten Bühnen gehören das Stadttheater *San Martín (Corrientes 1530,* **[U D4]** *| Tel. 011/ 43 71 01 11 | www.teatrosanmartin.*

com.ar), das Nationaltheater *Cervantes (Libertad 815, [U D3] | Tel. 011/48 16 42 24 | www.teatrocervantes.gov. ar), La Plaza (Corrientes 1660, [U D4] | Tel. 011/43 70 53 50 | www.paseola plaza.com.ar)* sowie für die Avantgarde im Off-Corrientes das ==Camarín de las Musas== *(Mario Bravo 960, [U B3] | Tel. 011/48 62 06 55 | www. elcamarindelasmusas.com.ar)* und *Sportivo Teatral (Thames 1426, [0] | Tel. 011/48 33 35 85 | www.sportivo teatral.com.ar).*

■ AUSKUNFT

Zahlreiche Informationsstände in der Innenstadt sowie an den Flughäfen *(www.bue.gov.ar).* Zentrale der *Dirección de Turismo: Av. Santa Fe 883 ([U E3] | Tel. 0800/55 00 16 | www.tu rismo.gov.ar).*

■ ZIELE IN DER UMGEBUNG

ESTANCIAS [133 D5]

Viele Landgüter, die *estancias,* laden in der Umgebung zu einer Landpartie ein. Auf der *Estancia Los Talas (Tagesausflug 200 Pesos/Person, mit Übernachtung und Vollpension 300 Pesos | Cuartel III, RP 47 Richtung Navarro | Tel. 02323/49 66 69 | www.estanciasargentinas.com/estanci as/estancia-los-talas/estancia-los-tal as.php)* 80 km westlich von Buenos Aires in der Nähe von Luján gibt es Reitausflüge, Sulkyfahrten über die Felder und *asado,* aber auch eine eindrucksvolle Bibliothek mit 40 000 Büchern im rustikalen Haus von 1824. Um das prachtvolle Landhaus der ==Estancia Villa María== erstreckt sich ein großer Park. Reiten und ein *asado* gehören zum Programm *(Tagesausflug 50 Euro, mit Übernachtung 140 Euro/Person | Máximo Paz | Ruta 205 km 47,5 | Reservierung Tel. 011/60 91 20 64 | www.estancia villamaria.com).*

LA PLATA ★ [133 F5]

Nur gut 50 km von Buenos Aires entfernt liegt die Provinzhauptstadt La

San Antonio de Areco: Tagesausflug zu einer der *estancias* in der ländlichen Umgebung

BUENOS AIRES

Plata. Am Reißbrett entworfen, entstand 1882 eine moderne Stadt mit architektonischen Schmuckstücken. Das perfekte Schachbrettmuster wird von vier Diagonalen durchzogen, die zu den öffentlichen Plätzen führen. Diese befinden sich jeweils in exakt gleichem Abstand zueinander.

Der schönste Spaziergang durch die Stadt (680 000 Ew.) beginnt auf der *Plaza Moreno*, wo die *Kathedrale* steht, ein neugotisches Werk von 1885. Die monumentalen Fenster sind Reproduktionen der Kirchenfenster von Chartres in Frankreich. Der Besuch im *Museo de Ciencias Naturales (Di–So 10–18 Uhr | Eintritt 12 Pesos | Paseo del Bosque | www.fcnym. unlp.edu.ar)* lohnt sich vor allem wegen der einzigartigen paläontologischen Sammlung fossiler Säugetiere.

SAN ANTONIO DE ARECO [132 C4]

In San Antonio de Areco scheint die Zeit stillzustehen. Im 16. Jh. wurde die gesamte Region einem spanischen Konquistadoren zugeteilt, später dann in *estancias* (Landgüter) unterteilt, auf denen Pferde und Rinder gezüchtet werden. Im Museumsdorf *Parque Criollo y Museo Ricardo Güiraldes (Mi–Mo 11–17 Uhr | Eintritt 4 Pesos | www.museoguiraldes. com.ar)* sind einige der Gebäude erhalten, die der Dichter Ricardo Güiraldes in seinem Gauchoepos „Don Segundo Sombra" verewigte. Busse fahren von Buenos Aires nach Areco von der *Busstation Retiro* [U E2] aus *(42 Pesos hin und zurück).*

TIGRE [133 E4]

30 km nördlich von Buenos Aires beginnt das weit verzweigte Delta des Río Paraná. Das rund 2600 km^2 große Delta ist eine sumpfige Inselwelt. Der südlichste Flussarm ist der Río Luján, an dessen linkem Ufer vor der Mündung in den breiten La-Plata-Strom die Vorstadt Tigre liegt. Zwischen den Flüssen Luján und Paraná erstreckt sich das etwa 100 km^2 große Naturschutzgebiet *Paraná de las Palmas.*

Lastkähne transportieren die Produkte der Region, hauptsächlich Obst, durch das Gewirr der Wasserarme, und bunte Märkte laden zum Stöbern ein. Zahlreiche Reisebüros in der Hauptstadt bieten Exkursionen nach Tigre an. Wer auf eigene Faust fahren möchte, nimmt am besten die Vorstadtbahn in Richung Endstation Tigre vom Bahnhof Retiro aus. Am Kai der Estación Fluvial fahren die *lanchas colectivo* ab, die kleinen Ausflugsdampfer.

In einer halben Stunde erreichen Sie mit dem „Wasseromnibus" von *Interisleña (Tel. 011/47 49 09 00)* das nette Restaurant *Gato Blanco (Tel. 011/47 28 03 90 | www.gato-blanco. com | €€)* am Ufer des Río Capitán. Im *Alpenhaus (Arroyo Rama Negra | Tel. 011/47 28 04 22 | www.alpen haus.com.ar | €€–€€€)* am Río Capitán können Sie auch übernachten. Etwas weiter entfernt (90 Minuten Flussfahrt) und abseits vom Wochenendrummel gelegen, ist die *Hostería Los Pecanes (Arroyo Felicaria/Canal Feliciano, Segunda Sección | Tel. 011/47 28 19 32 | www. hosterialospecanes.com | €€),* umschwirrt von vier verschiedenen Kolibriarten, ein schönes Ziel für einen Tagesausflug oder eine Übernachtung.

> SANDSTRÄNDE UND EUKALYPTUSWÄLDER

Die Badeorte an der Atlantikküste locken in die Sommerfrische

> Einer der schönsten Wochenendabstecher von Buenos Aires oder La Plata aus führt an die Atlantikküste. Hier ist die Landschaft so flach, dass der Wind ungehindert über die Pampa hinwegfegen kann. Schon winzige Windmühlen reichen aus, um die Einwohner der Bucht von Samborombón mit Strom zu versorgen.

Zunächst ist das Wasser am Strand noch brackig und bietet in ausgedehnten Sümpfen *carpinchos,* den lustigen Wasserschweinen, und den leider inzwischen seltener gewordenen Sumpfhirschen Lebensraum. Die Umweltorganisation Vida Silvestre hat jedoch auf 30 km² den bedrohten Arten ein Naturreservat *(Reserva Campos del Tuyú | Ruta 11 zwischen General Lavalle und San Clemente del Tuyú | www.vidasilvestre.org.ar)* errichtet, das demnächst vom Staat als Naturpark übernommen wird.

Bei San Clemente del Tuyú, in Punta Rasa, machen alljährlich zahl-

Bild: Dünen bei Necochea

DIE OSTKÜSTE

reiche Zugvögel Station. Auch in den Lagunen im flschen Hinterland der Pampa, die sich auf rund 200 km von Kap San Antonio bis Mar Chiquita erstrecken, kann man Vögel beobachten.

Am Hafen von San Clemente del Tuyú beginnt die Ferienküste Argentiniens. Auf dem Weg von Badeort zu Badeort kommt man immer wieder durch völlig unbewohnte Gegenden und Landschaften mit Dünen und Hartgräsern. Hier gibt es keine Schotterstraßen, sondern Muschelschalen bilden den Untergrund, wodurch das Fahren – kein Staub, keine Steine – recht angenehm wird.

Zwischen Pinamar und Miramar finden sich heute dichte Nadel- und Laubwälder, die die Wanderdünen befestigen und Schatten spenden. In den Dreißigerjahren des 20. Jhs. begannen europäische Einwanderer mit enormer Anstrengung, Bäume in den

Dünen zu pflanzen, doch die zarten Pflanzen waren nicht nur Stürmen und dem salpeterhaltigen Salzwasser ausgesetzt, sondern auch zahlreichen Parasiten. Trotzdem verzagten die Siedler nicht, und der Erfolg gibt ihnen heute recht.

Héctor Guerrero begann 1918 auf seiner *estancia* hinter den Dünen Eu- ähnlichen Plan verfolgte, der in der Grundsteinlegung von Pinamar endete. Es folgten lange Jahre des Experimentierens und Aufforstens, bis Akazien, Kiefern, Trauerweiden und Eukalyptusbäume in den Dünen heimisch wurden.

In den Fünfzigerjahren kamen die ersten *porteños* auf die Idee, sich Fe-

Strandpromenade in Mar del Plata, der großstädtischen Bademetropole des Landes

kalyptusbäume und Zedern zu setzen und nannte die grüne Oase Cariló. Das heißt in der Sprache der Mapuche grüne Dünen. Zehn Jahre später gelangte der Schweizer Einwanderer Karl Idaho Gesell an die Küste. Während er noch um seine zarten Zypressen- und Ulmensetzlinge im heutigen Villa Gesell bangte, gründeten Valeria Guerrero und der Architekt Jorge Bunge eine Gesellschaft, die einen rienhäuschen in den noch winzigen Orten am Strand zu bauen oder sich in den Gästehäusern einzumieten. In nur 20 Jahren wurden die Badeorte zu Wallfahrtsorten des Massentourismus – zwischen Dezember und Februar finden sich Tausende Sommerfrischler ein, die Einwohnerzahl wächst um ein Zehnfaches an.

Den argentinischen Urlaubern macht dieser Ansturm nichts aus. Sie

> *www.marcopolo.de/argentinien*

DIE OSTKÜSTE

lieben Geselligkeit und bevorzugen überfüllte Strände. Man sieht sich und will gesehen werden. Insbesondere die Einwohner entlegenerer Gegenden wie etwa Patagonier kommen mit dem Wunsch, ein wenig Hektik und vor allem viel Kultur zu genießen. Tatsächlich verlagert sich das kulturelle Angebot der Hauptstadt im Sommer an die Ferienküste. Aber es gibt auch einsame Badestrände, zum Teil mit Felsenküste, geradezu ideal zum Schnorcheln und Tauchen. Nur Argentinier sieht man hier selten.

MAR DEL PLATA

[123 E6] **Das Seebad Mar del Plata (540 000 Ew.), einst die Stadt der Freude genannt und das reinste Mekka für phantasievolle Architekten, besitzt mittlerweile eine beängstigende Skyline.** Die Stadt scheint nur noch aus Hoteltürmen und Einkaufszentren zu bestehen. Längst ist die Zeit vorbei, als sich wohlhabende *porteños* hier ihre Wochenendhäuser bauen ließen. Heute ist Mar del Plata hauptsächlich ein Ferienort für Familien aus ganz Argentinien, während sich die Schickeria vorwiegend an Uruguays Strände, etwa nach Punta del Este, zurückgezogen hat.

An den langen, feinsandigen Stränden ziehen sich wie ein Gürtel Badehäuschen und Strandzelte um den Ort und versperren die Sicht auf den tobenden Atlantik. Besonders beliebt bei den Besuchern sind die hoffnungslos überfüllten Strände *Playa Bristol* und *Playa Popular,* an denen das Hotel Provincial und das Kasino stehen. Mar del Plata muss zu Saisonzeiten von Anfang November bis Ostern den Ansturm von 3 Mio. Badegästen über sich ergehen lassen. Gäste, die gar nicht daran denken, sich gleichmäßig über die 20 km Sandstrand zu verteilen. Immer wieder sieht man Gruppen von applaudierenden Jugendlichen durch die Sonnenbadenden schreiten. Das bedeutet: Hier ist ein Kind verloren gegangen! Mit dem Kleinen auf den Schultern versucht nun man, durch Klatschen seine Familie wiederzufinden. Auch im Stadtzentrum herrscht Gedränge in den Einkaufszentren der Fußgängerzonen. Wie die meisten Städte Argentiniens ist auch Mar del Plata im Schachbrettmuster angelegt worden.

Im Winter, sagen die Einheimischen, kann man das wirkliche Mar del Plata erleben, die Stadt der Fischer und Hafenarbeiter. Dann wird

MARCO POLO HIGHLIGHTS

★ **Cariló**
Der architektonisch gelungene Badeort an der Küste gleicht einem Countryclub (Seite 57)

★ **Birdwatching an der Lagune**
Zu Gast bei Weißkehlkolibri und Pampaammer (Seite 59)

★ **Puerto**
Der Hafen von Mar del Plata ist zum Asyl für alternde Robben geworden (Seite 56)

★ **Punta Rasa**
Auf der Landzunge werden Sumpfhirsche und Zugvögel geschützt (Seite 59)

MAR DEL PLATA

es sogar so still, dass man abends das Meer rauschen hört. Die Hotelburgen stehen dann ab April leer, und viele Geschäfte und Restaurants sind geschlossen.

■ SEHENSWERTES

PUERTO ★

Der Hafen ist mehr als einen Besuch wert. Hier kann man direkt vom Kutter frischen Fisch und Krabben kaufen, den Fischern beim Flicken der Netze und beim Reusenknüpfen zusehen oder sich einfach an dem Schauspiel ergötzen, das die Seehunde beim Einlaufen der Fischflotte veranstalten. Der Hafen von Mar del Plata, in dem auch heute noch Italienisch gesprochen wird, hat sich im Lauf der Jahre zu einer Art Altersheim für Robben entwickelt. Immer mehr bequem gewordene alternde Seehunde lagern an der steinigen Küste und nahe der Mole und warten auf Fischabfälle. Besonders freche Exemplare wagen sich auch schon mal auf die kleinen Fischerboote.

> LOW BUDGET

> Bei *Carlitos (Paseo 104/Av. 2 und 3 und Av. 3/Paseo 108 | Tel. 02255/ 46 46 11 | www.carlitoselrey.com. ar)*, dem Pfannkuchenkönig in Villa Gesell, kann man unter 230 verschiedenen Arten – süß oder salzig – wählen: ab 10 Pesos pro Stück.

> Après Beach: Musik, Mode und Gym – an den Stränden in Pinamar beginnen im Januar/Februar bei Sonnenuntergang die Gymsessions, Modeschauen und Rock- und Popkonzerte, und zwar umsonst für jedermann.

■ ESSEN & TRINKEN

Der italienische Einfluss in Mar del Platas Küche lässt sich kaum verleugnen. Neben Pasta gibt es frischen Fisch und originell zubereitete Meeresfrüchtegerichte. Die Auswahl an guten Restaurants ist groß, nur sind sie leider oft sehr voll.

ANTARES ▶▶

Treffpunkt der lokalen Jugend zum hausgebrauten Bier. *Córdoba 3025 | Tel. 0223/492 44 55 | €*

ESPIGÓN DE PESCADORES

Auf dem Fischerclubdamm, umgeben vom Meer. *Escollera del Club de Pescadores | Boulevard Marítimo/Av. Luro | Tel. 0223/493 17 13 | €–€€*

PIEDRA BUENA

Der beste Schwarzhecht *(merluza negra)* im Fischrestaurant im Hafen. *Centro Comercial del Puerto | Local 7 | Tel. 0223/480 16 32 | €€–€€€*

■ ÜBERNACHTEN

Die Stadt besteht hauptsächlich aus Hoteltürmen und Gasthäusern, auch private Unterkünfte und Ferienbungalows sind zu haben. Während der Sommermonate empfiehlt es sich, bereits von Buenos Aires aus zu reservieren, da es oft zu Engpässen kommt, wenn sich zu den Sommerfrischlern auch noch Ärzte- und Chemikerkongresse gesellen.

HOTEL CALASH

Ruhiges, helles Haus im Tudorstil in der Nähe von Strand und Busterminal. *21 Zi. | Falucho 1355 | Tel. 0223/ 451 61 15 | www.entodalacosta.com. ar/calash | €*

DIE OSTKÜSTE

HERMITAGE HOTEL
Das traditionelle Luxushotel der Patrizierfamilien, renoviert, mit 330 Zimmern. *Av. Colón 1643 | Tel. 0223/ 451 90 81 | www.hermitagehotel. com.ar |* €€€

IRUÑA
Zentral gelegen, doch mit freier Sicht auf Strand und Meer. *104 Zi. | Diagonal Alberdi 2270 | Tel. 0223/ 491 10 60 | www.hoteliruna.com |* €€–€€€

■ AM ABEND

Das abendliche Unterhaltungsangebot ist erstaunlich vielfältig und wird durch alljährlich stattfindende Filmfestivals und Kunstausstellungen bereichert. Es lohnt sich, beim *Ente Municipal de Turismo (Emtur)* nach dem offiziellen Programm zu fragen.

■ AUSKUNFT

ENTE MUNICIPAL DE TURISMO
Bulevar Marítimo Peralta Ramos 2270 | Local 51 | Tel. 0223/495 17 77 | Fax 494 41 10 | www.turismomardelplata.gov.ar

■ ZIELE IN DER UMGEBUNG

BARRANCA DE LOS LOBOS [123 E6]
20 km südlich der Stadt gibt es noch eine Seelöwenkolonie in natürlicher Umgebung am Steinstrand.

**CARILÓ, PINAMAR
UND VILLA GESELL** [123 E6]
Der wohl schönste Ort an der gesamten Ferienküste, das rund 120 km nördlich von Mar del Plata gelegene ★ Cariló, ist als Countryclub angelegt worden. Dichter Wald zwischen den Häuschen sorgt für Abgeschiedenheit. Noch sind die Straßen nicht asphaltiert, und auch was die Architektur betrifft, ist die Stadtverwaltung streng: Neue Projekte müssen sich harmonisch in das Gesamtbild einfügen. Im Januar wird am Strand ein Poloturnier auf Sand gespielt; die Reiter gehören zur Poloelite, doch der Eintritt ist frei.

Nur 10 km weiter nördlich liegt der größere Ferienort *Pinamar* mit allen erforderlichen Dienstleistungen, die in Cariló nicht unbedingt zu finden sind, und knapp 10 km südlich das ebenfalls größere *Villa Gesell*, von wo aus man mit Jeeps *(Pe-*

Wer nicht zur Hochsaison kommt, findet in Mar del Plata Platz für Strandspaziergänge

SAN CLEMENTE DEL TUYÚ

dro Cuevas | *Av. Buenos Aires 1543, Tel. 02255/45 86 04)* oder mit einem Strandbuggy in Geländefahrt über Dünen den ❊ *Faro Querandi* erreicht. 276 Stufen führen den 54 m hohen Leuchtturm hinauf. Der Ausblick ist schwindelerregend, da schon der Turm auf einer Höhe von 64 m über dem Meeresspiegel steht. Übernachtung nach Absprache in einem der Häuschen der Küstenwacht.

Insider Tipp

In Cariló wohnen Sie komfortabel im *Marcín (Laurel/Albatros | Tel. 02254/57 08 88 | www.hotelmarcin. com.ar | €€€)* mit 67 Zimmern und direktem Zugang zum Strand. Zum Haus gehört das Restaurant *Chenin* (€€) mit Mittelmeerküche. Wer Abwechslung zur Meeresküche sucht, bekommt im *Tante (Divisadero 1470 | Tel. 02254/57 11 11 | www.tante. com.ar | €€)* Gulasch und Rehbraten, aber auch ein reiches Kuchenangebot zur Teestunde. Ein kinderfreundliches Apartmenthotel mit Pool und Sportgelegenheiten ist – ebenfalls in Cariló – das *Villa Corral (24 Apartments | Avellano 170 | Tel. 02254/47 04 02 | www.vcorral.com.ar | €€ – €€€).*

SAN CLEMENTE DEL TUYÚ

[123 E6] **330 km von der Hauptstadt entfernt liegt die erste Strandperle (15 000 Ew.) an der lang gezogenen Bahía Samborombón.** San Clemente ist eher schlicht und ein Ferienort für Familien. Seine eigentliche Attraktion liegt außerhalb: der wunderschöne Naturschutzpark auf der Landzunge Punta Rasa.

■ SEHENSWERTES
OZEANARIUM MUNDO MARINO
Im Ozeanarium sind neben Delphinen, Pinguinen, Robben und Seelöwen auch dressierte Raubwale zu sehen, die verletzt am Strand gerettet

Dünenausflug bei Villa Gesell: besser mit Pferden als mit Pferdestärken

DIE OSTKÜSTE

wurden. Auch 3 km weite Krebskolonien können vom Ozeanarium aus besichtigt werden. *Jan./Feb. tgl. 10 bis 20, März und Dez. 10–18, April bis Nov. Fr–So 10–18 Uhr | www.mundomarino.com.ar*

PUNTA RASA ★

Vom Leuchtturm ❋ *Faro San Antonio* aus überblickt man die gesamte Landzunge Punta Rasa. Eine imaginäre Linie zieht von hier aus bis Punta del Este, dem mondänen Strandort am Ostende Uruguays, die Grenze zwischen Río de la Plata und Atlantik. Das farblich gemischte, leicht trübe und nur schwach salzige Wasser zeugt vom Übergang vom Fluss zum Meer. Auf mehreren Küstenstreifen erstrecken sich weite Krebskolonien, ein Leckerbissen für die Zugvögel, die daher in Scharen Punta Rasa anfliegen.

Beim Leuchtturm befindet sich in einem großen Park das Thermalbad *Termas Marinas (Öffnungszeiten wie Mundo Marino | termasmarinas.com.ar).* Um das Bad erstreckt sich die 5 km² große *Reserva Punta Rasa (www.rpm-net.com.ar/puntarasa)*, ein wichtiges Beobachtungszentrum für Zugvögel. Rund 100 000 Vögel ruhen sich hier jährlich von ihrem langen Flug aus der nördlichen Hemisphäre aus: Kiebitze und Regenpfeifer, Wasserläufer und Schnepfen, Wander- und Sturmseeschwalben kommen zwischen Oktober und April aus New York und Alaska, aber auch aus Skandinavien über Madeira nach Punta Rasa. Eine zweite Vogelschar kommt zwischen April und September aus dem tiefen Süden, um im milderen Pampaklima zu überwintern.

■ ESSEN & TRINKEN

LOS MUGU
Fisch (Spezialität gegrillte Meeräsche) und Meeresfrüchte in einem soliden Familienbetrieb am Hafen. *Av. 11 Nr. 240 | Tel. 02252/42 11 48 | €*

LA QUERENCIA
Regionale Küche, Fisch, Paella. *Calle 1 Nr. 2453 | Tel. 02252/42 30 81 | €*

■ ÜBERNACHTEN

CORREA
Schlichtes Haus mit 30 Zimmern, guter Service. Von April bis November nur am Wochenende. *Talas del Tuyú 2883 | Tel./Fax 02252/42 12 12 | €*

GRAN HOTEL FONTAINEBLEAU ❋
Hotelkasten mit 79 Zimmern, alle mit Blick aufs Meer. Von April bis Oktober nur Fr–So geöffnet. *Calle 3/Costanera | Tel. 02252/42 11 87 | Fax 011/47 77 19 19 | www.fontainebleau.com.ar | €€*

■ ZIEL IN DER UMGEBUNG

ESTANCIA JUAN GERÓNIMO [123 E5]
Auf halbem Weg zwischen Buenos Aires und San Clemente befindet sich die *estancia (11 Zi. | Tel. 02221/48 14 14 | www.juangeronimo.com.ar | €€€)* auf einem 40 km² weiten Gelände (Unesco-Biosphärenreservat). Sie ist ein idealer Ausgangsort für ★ Birdwatching an der Lagune – fast 60 verschiedene Arten kann man beobachten. Eine ==zweitägige Tour mit Ornithologen== (auch englisch oder deutsch) können Sie beim Tourismusbüro *Flyer (Reconquista 617 | Tel. 011/43 13 82 24 | www.flyer.com.ar)* in Buenos Aires buchen.

Insider Tipp

> IM LAND DER PACHAMAMA

In dieser farbenprächtigen Landschaft ist die Kultur der Indianer noch präsent

> Der Nordwesten gehört zu den landschaftlich interessantesten Regionen Argentiniens. Die sanften Bergketten Córdobas setzen sich fort in der Hochkordillere der Cuyoregion.

In ihrem Westen erhebt sich drohend die Hochkordillere mit verschneiten Gipfeln: Der größte unter ihnen ist der legendäre Aconcagua (6960 m), der zugleich auch der höchste Berg des Kontinents ist. Im Süden nimmt die Zahl der Vulkane zu. 320 km nördlich von San Juan liegt der Nationalpark Ischigualasto, auch Mondtal, Valle de la Luna, genannt. Faszinierende Steinformationen und vom Wind geformte Skulpturen hinterlassen ein Gefühl von Unwirklichkeit.

Auch im hohen Norden, in der Quebrada de Humahuaca nördlich von Jujuy, hat die Natur für ein besonderes Schauspiel gesorgt. Die Bergketten sind mit bunten Erzen durchsetzt und bilden so in leuchten-

> www.marcopolo.de/argentinien

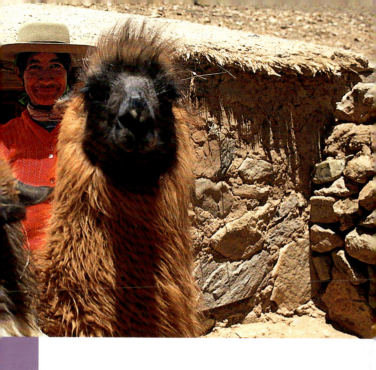

DER NORDWESTEN

dem Rot, Gelb und Blau einen dramatischen Gegensatz zum Grün der haushohen Kandelaberkakteen.

Im gesamten Nordwesten sind die Spuren indianischer Tradition noch lebendig. Hier ist *Pachamama,* die Erd- und Fruchtbarkeitsgöttin, zu Hause. Sie wird noch heute von den Indianerstämmen verehrt und häufig mit Mutter Maria gleichgestellt. Hier im Nordwesten liegen aber auch die ältesten Kolonialstädte des ehemaligen Vizekönigreichs Río de la Plata. Den Handelswegen der Inkas folgend, errichteten die Konquistadoren im 16. Jh. ihre Städte in dem Korridor zwischen der Hafenstadt Buenos Aires und dem fernen Lima.

Das Klima im Nordwesten mit extrem heißen Temperaturen ist ideal für den Weinanbau. Sonnenschein und wenig Niederschläge lassen in Salta, Cafayate, San Juan und Mendoza Spitzenweine heranreifen.

CÓRDOBA

CÓRDOBA

[131 E3] **Die 1573 gegründete Universitätsstadt liegt inmitten einer dicht besiedelten Provinz gleichen Namens.** Parallel verlaufende Bergketten, die Sierras, und vier große Flüsse gliedern die Provinz. Hier vereinigen sich Pampa zentren geworden, in denen die alten Traditionen nur noch für die Besucher wachgehalten werden.

Die Hauptstadt (1,3 Mio. Ew.) selbst ist nicht nur eine historische Schönheit mit gut erhaltenen Gebäuden aus der Kolonialzeit, sondern auch als Kulturzentrum äußerst inte-

Der Kathedralbau in Córdoba mischt Kolonialarchitektur mit indianischen Stilmerkmalen

und Sierra, kakteenbestandene Steppe, reiche Wälder und fruchtbare Flusstäler. Die Region hat eine ausgesprochen gute touristische Infrastruktur entwickelt. Im Sommer stellen sich die vielen Ortschaften auf argentinische Urlauber ein, die am *Mar Chiquita,* dem riesigen Salzsee im Nordosten der Provinz, baden wollen oder zum Fischen und Wandern herkommen. Einige Orte wie etwa Villa Carlos Paz, Cosquín und Villa María sind inzwischen zu reinen Touristenressant. 110 000 Studenten sorgen für lebhaftes Treiben in der Innenstadt. Córdoba gilt als die heimliche zweite Hauptstadt des Landes.

■ SEHENSWERTES

KIRCHEN

Die *Basílica de Santo Domingo* mit einem alten Bildnis der Jungfrau des Rosenkranzes erhebt sich an der Kreuzung Deán Funes/Avenida Vélez Sarsfield. Die Außenmauer ist mit bemalten Kacheln geschmückt, die

> *www.marcopolo.de/argentinien*

DER NORDWESTEN

die Geschichte der Stadt erzählen. An der Plaza San Martín erhebt sich die 1782 geweihte *Kathedrale*. Die harmonische Verbindung von kolonialer Architektur und indianischen Stilelementen macht ihren besonderen Reiz aus. Im *Convento de Santa Teresa* an der Kreuzung Independencia/27 de Abril sollten Sie Sie sich den wunderschönen Innenhof anschauen. Zwei Häuserblocks entfernt an der Ecke Caseros/Obispo Trejo steht die älteste Kirche der Stadt, die *Iglesia de la Compañía de Jesús.* Ihr Dach wurde aus Zedernholz der ehemaligen Reduktionen (christliche Indianersiedlungen unter Missionarsleitung) fertiggestellt, die Querstreben sind vergoldet.

MUSEO HISTÓRICO COLONIAL
An der Ecke Rosario de Santa Fe/Ituzaingó steht das einzige noch erhaltene Wohnhaus aus der Kolonialzeit, heute Historisches Provinzialmuseum mit Möbeln, Gemälden, Waffen und Dokumenten aus der Zeit der Vizekönige. *Di–Fr 10–13 und 16–19, Sa/So 10–13 Uhr | Eintritt 2 Pesos*

ESSEN & TRINKEN
IL GATTO
Die Restaurantkette (€) überzeugt mit vernünftigen Preisen und schmackhaften Gerichten (Pizza und Pasta) und ist ein beliebter Treffpunkt für junge Leute. *Av. General Paz 120 | Tel. 0351/421 56 19; Av. Colón 628 | Tel. 0351/423 03 34*

NOVECENTO
Das Restaurant im Innenhof des historischen Rathauses bietet das typisch argentinische *bife de chorizo* mit Zutaten der Mittelmeerküche. *Deán Funes 33 | Tel. 0351/423 06 60 | €*

ÜBERNACHTEN
CÓRDOBA PLAZA
Modernes Haus mit 117 Zimmern und Pool. *San Jerónimo 137 | Tel. 0351/426 89 00 | Fax 426 31 11 | www.corplaza.com | €€€*

GRAN HOTEL DORÁ
Sehr guter Service auf 127 Zimmern im Stadtzentrum. *Entre Ríos 70 | Tel. 0351/421 20 31 | Fax 424 01 67 | www.hoteldora.com | €€*

MARCO POLO HIGHLIGHTS

★ **Andenüberquerung**
Auf den Spuren des Generals San Martín auf dem Pferderücken über die Anden (Seite 66)

★ **Cerro Champaquí**
Aufstieg zum höchsten Gipfel Córdobas (Seite 64)

★ **Tren a las Nubes**
Mit dem Zug durch die Hochanden (Seite 73)

★ **Valle de la Luna/Reserva Provincial Ischigualasto**
Bizarre Felsformationen im Nationalpark (Seite 68)

★ **Puente del Inca**
Natürliche Felsenbrücke über den sprudelnden Río Mendoza (Seite 67)

★ **Quebrada de Humahuaca**
Indianerdörfer aus der Kolonialzeit (Seite 74)

CÓRDOBA

WINDSOR
Gutes Mittelklassehotel mit Schwimmbad und Wellnessabteilung *Windsor Terrace. 81 Zi. | Buenos Aires 214 | Tel./Fax 0351/422 40 12 | www.windsortower.com | €€*

AM ABEND
Die Provinzhauptstadt bietet im Sommer eindrucksvolle Chorkonzerte im *Cabildo, Independencia 30* (bei der Touristeninformation nach dem Programm fragen); im *Teatro del Libertador* aus dem Jahr 1892 werden Opern und Theaterstücke aufgeführt (*Av. Vélez Sarsfield 365 | Kartenverkauf Di–So 9–13 und 15 bis 19 Uhr*). Auch das Angebot an Musikkneipen und Pubs ist groß in Córdoba.

AUSKUNFT
AGENCIA CÓRDOBA TURISMO
Im Cabildo (Rathaus) | Deán Funes/Independencia | Tel. 0351/434 12 00 | www.cordobaturismo.gov.ar

ZIELE IN DER UMGEBUNG
CERRO CHAMPAQUÍ ★ [131 D3-4]
Eine besondere Art, sich einen Überblick über die gesamte Region zu verschaffen, ist eine dreitägige Exkursion zu Pferd von Villa General Belgrano über Villa Alpina zum Gipfel des Cerro Champaquí (2884 m). Auch von La Cumbrecita oder vom Westen aus San Javier (Provinz San Luis) kann man den Champaquí zu Pferd, zu Fuß oder im Geländefahrzeug bezwingen.

JESÚS MARÍA [131 E3]
Hier befindet sich eine alte *estancia* der Jesuitenpadres aus dem Jahr 1618. Die Missionare bauten seinerzeit den ersten amerikanischen Wein an, der den Königen in Spanien eingeschenkt worden ist. Heute enthalten die komplett renovierten Gebäude das *Museo Jesuítico Nacional (Mitte März–Mitte Sept. Mo–Fr 8 bis 19, Sa/So 10–12 und 14–18, Mitte Sept.–Mitte März Di–Fr 9–19, Sa/So*

Rebenfelder bei Mendoza: Argentinien ist der viertgrößte Weinproduzent weltweit

DER NORDWESTEN

11–13 und 15–19 Uhr), eine Sammlung sakraler Gewänder sowie wechselnde Ausstellungen zur Geschichte der Provinz. Anfahrt auf der Ruta 9 oder mit öffentlichen Bussen. Weitere zwei – *Estancia de Caroya* und *Estancia Santa Catalina* – der insgesamt sechs Jesuiten-*estancias* aus dem 17. Jh. in Córdoba befinden sich in naher Umgebung von Jesús María.

VILLA GENERAL BELGRANO [131 E3]

In dem kleinen Städtchen 90 km südlich von Córdoba im bayerischen Hüttenstil hat sich ab 1930 eine deutschstämmige Kolonie angesiedelt. Inzwischen hat sich der von dichten Wäldern umschlossene Ort 80 km südwestlich von Córdoba zu einem beliebten Ferienziel mit zahlreichen Übernachtungsmöglichkeiten in Chalets und Hotels entwickelt. Im Oktober wird das Bierfest gefeiert und zu Ostern das Fest der Wiener Torten. Nur 700 m südwestlich, doch optisch vollkommen abseits vom Dorf, kann man in den ❀ Bungalows der *Cabañas de Santiago (Av. Belgrano | Tel. 03546/46 43 71 | www.cabdesantiagovgb.com.ar | €€–€€€)* mit herrlichem Ausblick auf die Sierra de los Comechingones logieren und sich vom Reisestress in einem mexikanischen Dampfbad *(tamazcal)* erholen.

Rund 20 km nordwestlich von Villa General Belgrano befindet sich die viel ruhigere Ortschaft *Villa Berna*. Etwas außerhalb liegt das ❀ Hotel *La Domanda (10 Zi. | Tel./Fax 03546/46 20 70 | www.ladomanda.com.ar | €–€€)* mit ausgezeichneter Sicht auf eine weite Landschaft zwischen Berg und Tal.

MENDOZA

[130 B4] **Die Hauptstadt der gleichnamigen Provinz liegt im Zentrum des riesigen Weinanbaugebiets in den Anden.** Nachdem ein Erdbeben 1861 die 1561 gegründete Stadt vollständig zerstört hatte, entstand ein neues Mendoza mit weiten Avenidas, erdbebensicheren, einstöckigen Bauten und vielen gepflegten Grünanlagen. Die Stadt (850 000 Ew.) ist Ausgangspunkt für Exkursionen in die nahen Kordillerentäler und Thermalbäder. Bergsteiger kommen vor allem des 6960 m hohen Aconcaguas wegen nach Mendoza.

Auf 3000 km^2 Gesamtfläche haben die Mendocinos der Wüste mit Bewässerungskanälen eine Oase abgerungen. In Gran Mendoza, Valle de Uco, San Rafael und General Alvear reift nicht nur Wein in der Sonne; hier blühen auch Pfirsich- und Birnbäume. Mendoza ist indes nicht nur das Zentrum des argentinischen Weinanbaus. Durch diese Stadt führen auch alle Wege über den Andenpass nach Chile.

■ SEHENSWERTES

MUSEO MUNICIPAL DE ARTE MODERNO

Das Museum ist eine der lebendigsten Kunststätten im argentinischen Binnenland. *Mo–Sa 9–20, So 16–20 Uhr | Eintritt frei | Plaza Independencia*

MUSEO ENOTECA GIOL

Das Weinmuseum ist der größten Winzerei Mendozas angeschlossen. *Mo–Fr 9–18, Sa/So 15–19 Uhr | Carril Ozamis 1040 | Maipú (16 km südl. von Mendoza)*

MENDOZA

▌ESSEN & TRINKEN

LA MARCHIGIANA
Bekannt als beste italienische Küche in Mendoza. *Patricias Argentinas 1550 | Tel. 0261/423 07 51 | www.marchigiana.com.ar | €–€€*

1884
Insider Tipp

Die Küche von Francis Mallmann in der Nachbarstadt Godoy Cruz loben viele als die beste in Argentinien. *Belgrano 1188 | Godoy Cruz | Tel. 0261/424 26 98 | www.escorihuela.com | €€€*

▌ÜBERNACHTEN

In Mendoza finden häufig Kongresse statt, sodass es sich empfiehlt, im Voraus zu reservieren.

ACONCAGUA
Moderne Architektur, 159 Zimmer und Suiten. *San Lorenzo 545 | Tel./Fax 0261/520 05 00 | www.hotelaconcagua.com | €€–€€€*

PARK HYATT
Luxushotel mit 86 Zimmern in historischem Hotelgebäude. Breite Barterrasse mit Blick auf den Hauptplatz Plaza Independencia. *Chile 1124 | Tel. 0261/441 12 34 | www.mendoza.park.hyatt.com | €€€*

GRAN HOTEL RITZ
Gepflegtes Haus mit 39 Zimmern. *Perú 1008 | Tel./Fax 0261/423 51 15 | www.ritzhotelmendoza.com.ar | €€*

▌AUSKUNFT

DIRECCIÓN PROVINCIAL DE TURISMO
San Martín 1143 | Tel./Fax 0261/420 28 00 | www.turismo.mendoza.gov.ar

▌ZIELE IN DER UMGEBUNG

ACONCAGUA [130 A4]
Der Traum aller Bergsteiger ist die Besteigung des 6960 m hohen Aconcagua rund 200 km westlich von Mendoza. Für den Aufstieg (Dez. bis März) zu seiner Spitze benötigt man eine gute körperliche Verfassung, genug Zeit (wenigstens zehn Tage) und einen guten Bergführer. Von Puente del Inca aus geht es mit dem Maultier zur Plaza de Mulas (4400 m). Steile Pfade führen zur Basishütte. Hier sollte man sich einige Tage lang zunächst an die Höhe gewöhnen. Die zweite Hütte liegt auf 6000 m. Verlässliche Informationen zum Bergwandern bekommt man in Guaymallén beim ▶▶ *Club Andinista (Fray Luis Beltrán 357 | Tel. 0261/431 98 70 | www.clubandinista.com.ar).* Aymará Adventures & Expeditions *(9 de Julio 1023 | Tel. 0261/420 20 64 | www.aymara.com.ar.)* organisiert sowohl die Besteigung des Aconcaguas als auch Führungen zu Fuß oder zu Pferd durch die Berge.

ANDENÜBERQUERUNG ★ [122 B5]
Von Jujuy im Norden bis Chubut im Süden gibt es ein Dutzend gut befahrbare Grenzübergänge nach Chile. Der meistbefahrene ist die Ruta 7 von Mendoza nach Santiago de Chile über den *Cristo Redentor* (3870 m), ein monumentales Friedensdenkmal auf der Grenze. Weiter südlich ist die Ruta 231 beliebt, die ebenfalls vollständig auf Asphalt von Bariloche nach Osorno führt. Im Winter sind die Straßen öfters wegen Schnee geschlossen. In Chile gilt ein striktes Verbot für die Einfuhr von frischen Lebensmitteln! Um mit dem Mietwa-

> *www.marcopolo.de/argentinien*

DER NORDWESTEN

gen nach Chile einreisen zu dürfen, benötigen Sie in einigen Fällen eine Genehmigung und/oder müssen eine Extragebühr entrichten.

Die Anden mit dem Pferd überqueren wie einst General José de San Martín? Auch das ist möglich: Raúl Labat führt im südlichen Sommer in die Berge. Es sind weder große Reit- noch Bergsteigerqualifikationen erforderlich. Ausgangspunkt ist die *Estancia El Puesto (7 km westlich von Los Árboles | Ruta Provincial 89 rund 20 km südwestlich von Tupungato | Tel. 0261/439 35 33 | www. estanciaelpuesto.com.ar | 1300 Dollar pro Person)* auf 1500 m Höhe. Von dort aus geht es sechs Tage lang über Bergpässe auf 4500 m und mit einem Abstecher zum höchsten Gletscher Amerikas, dem *Mesón San Juan,* bis an die chilenische Grenze, den Vulkan *Tupungato* (6235 m) und die *Cordillera Piuquenes* entlang. Auch *Feeling Turismo (Tucumán 715, 3° B | Tel. 011/43 93 50 30 | www.feelingturismo.com.ar | 750 Dollar)* in Buenos Aires organisiert etwas weiter südlich von Las Leñas aus achttägige Pferdetouren bis an die chilenische Grenze.

PUENTE DEL INCA ★ [130 A4]

Rund 170 km westlich von Mendoza auf der Route nach Chile gelangt man zum sagenhaften Puente del Inca. Der natürliche Felsbogen spannt sich 21 m über den schmalen, sprudelnden Río Mendoza (auf 2700 m Höhe). Einst wurde die Brücke von Inkas auf ihrem Weg nach Cuzco genutzt. Heute ist Puente del Inca – es gibt einige wenige Hotels und Restaurants – Ausgangspunkt für Trekkingtouren in die Umgebung. Kurz hinter der Brücke beginnt der Aufstieg zum ❄ *Lago Horcones.* Vom See aus bietet sich ein atemraubender Blick auf die verschneiten Gipfel der Anden.

USPALLATA [130 A–B4]

Der Weg in das gut 90 km von Mendoza entfernte Städtchen Uspallata in den Voranden führt an der Raffinerie von Luján de Cuyo vorbei zunächst

An der Grenze zu Chile erhebt sich der höchste Berg Amerikas, der Aconcagua

MENDOZA

nach *Cacheuta*. Hier warten heiße Quellen, ein Moorbad und ein traditionelles Hotel in 1200 m Höhe auf Besucher *(Hotel Termas de Cacheuta | Ruta Provincial 82, km 38 | Tel. 02624/49 01 52 | €€ mit Vollpension)*. Cacheuta ist gleichzeitig Ausgangspunkt für Ausritte und Trekking in die Täler der Vorkordillere. Uspallata (1300 Ew.) selbst ist das attraktive Zentrum eines lang gestreckten Tals zwischen der hohen Andenkette und der Vorkordillere. Ein angenehmes Mikroklima bietet der Ort, der bereits im 19. Jh. während der Befreiungskriege letzte Station vor der Andenüberquerung war. Verlässt man Uspallata Richtung Westen, führt der Weg zunächst durch ein Labyrinth von roten, gelben, grünen und schwarzen Felswänden. Beim neuen Skigebiet *Los Penitentes* erinnern Felsen an Mönchsgestalten. Im Ort selbst gibt es einige gute Hotels.

VALLE DE LA LUNA/RESERVA PROVINCIAL ISCHIGUALASTO ★ [130 B2]

500 km nördlich von Mendoza (über San Juan) bildet das Tal von Ischigualasto zusammen mit dem Tal von Talampaya eine etwa 6000 km² umfassende Erosionslandschaft. Zahlreiche Science-Fiction-Filme sind in dieser unglaublichen Felsenwelt gedreht worden. Wind und Wasser haben dem Gestein natürliche Skulpturen abgerungen. Zwischen Staub und Felsen findet man immer wieder versteinerte Farne und Gräser, die davon zeugen, dass hier vor Urzeiten ein anderes Klima geherrscht hat.

Der nach einem Indianerhäuptling benannte *Naturpark Ischigualasto* umfasst 620 km², von denen aber nur 150 km² zugänglich sind. Es empfiehlt sich zunächst, das Museum am Eingang zu besuchen, in dem die Gesteinslandschaft in klein nachgebaut ist. Parkwächter begleiten die Besu-

Faszinierende Felsenwelt in der Erosionslandschaft des Valle de la Luna

> www.marcopolo.de/argentinien

DER NORDWESTEN

cher auf der 40 km langen Rundfahrt, die in eine 200 Mio. Jahre zurückliegende Dinosaurierwelt versetzt *(Eintritt 35 Pesos | www.ischigualasto. org).*

Im *Parque Talampaya* hingegen, 70 km nordöstlich von Ischigualasto und bereits in der Provinz La Rioja, führt ein Parkwächter Reisende durch eine Schlucht mit faszinierenden Gesteinsformationen und Felsmalereien, deren Ursprung noch nicht geklärt ist *(Eintritt 20 Pesos, Touren mit Geländewagen 45–60 Pesos pro Person, Fahrradtour 30 Pesos, zu Fuß 30 Pesos, immer unter Führung von Parkwächtern | Tel. 0351/570 99 09 | www.talampaya. gov.ar und www.talampaya.com).*

Übernachtung 80 km vor dem Eingang zum Naturpark in den 37 Zimmern und acht Bungalows der *Hostería del Valle Fértil (Rivadavia | Tel. 02646/42 00 15 | €)* in San Agustín del Valle Fértil. Von San Juan aus werden aber auch organisierte Bustouren zu den Stätten der Vorgeschichte angeboten.

WEINKELLER [130 B4]

In unmittelbarer Nähe der Stadt liegen die Kellereien von *Escorihuela (Belgrano 1188 | Plaza Godoy Cruz in Godoy Cruz | www.escorihuela. com).* Etwas weiter entfernt in *Cañada Seca,* 15 km außerhalb der Stadt San Rafael [130 B6], befinden sich die Weinkeller von *Lávaque (Ruta Provincial 165 | Tel. 02627/ 49 71 32 | www.vinasdealtura.com). Bodegas Salentein (Ruta Provincial 89/Videla, Los Árboles, Alto Valle de Uco,* [130 B6] *| Tel. 02622/42 20 54 | www.bodegasalentein.com)* bietet neben Kunstausstellungen, einem Weinmuseum und einem Restaurant auch Unterkunft in den acht Zimmern der *Posada Salentein (€€€ mit Vollpension).* Ausführliche Information über Weinkeller auf *www.caminosdelvino.com.*

SALTA

[127 D3] Salta bedeutet in der Indianersprache Aymará „die Schöne". Auf 1200 m Höhe inmitten des fruchtbaren Tals gebaut, das zur Zeit der Eroberung noch der Haupthandelsweg zwischen der Hafenstadt Buenos Aires und dem damaligen Wirtschaftszentrum Lima war, erlebte die Schöne einen raschen Aufschwung. Luxuriöse Herrschaftshäuser und eine

>LOW BUDGET

> Inlandsflüge sind teuer in Argentinien, die modernen Langstreckenbusse sind deshalb eine günstige Alternative. Mit etwas mehr Zeit kann man aber noch mehr sparen, wenn man den Zug von Buenos Aires nach Tucumán *(Ferrocentral | Estación Retiro/Mitre | Tel. 011/ 43 12 29 89)* nimmt. Die Fahrt dauert planmäßig 25 Stunden, in der Praxis aber meist mehr. Der Preis: von rund 7 Euro in der 2. Klasse bis zu 20 Euro im Schlafwagen.

> Im kleinen Dorf Iruya abseits von der Touristenstraße der Quebrada de Humahuaca finden Sie ganz oben, am Ende der Hauptstraße, das Gasthaus *En lo de Celia,* in dem Sie für wenige Pesos im Schlafsack auf dem Fußboden oder in einfachen Betten übernachten können.

SALTA

kolossale Kathedrale im Stadtzentrum erinnern daran. Der frühe Reichtum spiegelt sich auch in zahlreichen Brunnen und Monumenten. Das Herz der Stadt (470 000 Ew.) bildet die palmenbestandene Plaza 9 de Julio, die von Arkadengängen, zahlreichen Cafés und Restaurants umgeben ist. An der Plaza steht die dreischiffige *Kathedrale* mit viel Pomp im Innern.

■ SEHENSWERTES

IGLESIA SAN FRANCISCO

Einen Häuserblock entfernt steht die barocke Franziskuskirche. Mit ihrem auffälligen Anstrich in Dunkelrot, viel Gold und vor allem den aus Stein gehauenen Vorhängen über dem Haupteingang wirkt sie wie eine italienische Operndekoration. Sie stammt aus dem Jahr 1796, der Glockenturm (53 m) wurde erst später errichtet.

MUSEO DE ARQUEOLOGÍA DE ALTA MONTAÑA (MAAM)

Das 2005 eingeweihte Museum stellt abwechselnd die drei inkaischen Kindermumien aus, die auf 6717 m Höhe am Gipfel des Vulkans Llullaillaco gefunden wurden. *Di–So 9 bis 12.30 und 16–20.30 Uhr | Eintritt 10 Pesos | Mitre 77 | www.maam.org.ar*

MUSEO HISTÓRICO DEL NORTE

Das Museum ist im schlichten, weiß getünchten Rathaus von 1626 untergebracht, das wunderschöne Innenhöfe besitzt. Neben peruanischen Ikonen werden hier aber auch technische Geräte ausgestellt: Eine alte Traubenpresse aus Leder und Holz sowie die Druckerpresse der Jesuitenpadres gehören dazu. *Di–Fr 9.30 bis 13.30 und 15.30–20.30, Sa 9.30 bis 13.30 und 16.30–20, So 9.30 bis 13Uhr | Eintritt 1 Peso | Caseros 549 | www.museonor.gov.ar*

■ ESSEN & TRINKEN

CAVA DE PIEDRA

Neues Restaurant in einem alten Gebäude der Innenstadt, das auch einen Weinkeller mit den Schätzen der besten Winzereien Saltas beherbergt. Traditionelle regionale Küche mit Gourmetappeal. *Mitre 81 | Tel. 0387/421 76 76 | €*

PORTEZUELO

Restaurant im gleichnamigen Hotel auf dem Hang vom Berg San Bernardo mit Blick auf die Stadt. Internationale und regionale Küche. *Av. del Turista 1 | Tel. 0387/431 01 04 | €€*

LA VIEJA ESTACIÓN

Das Lokal der Brüder Fidel und Tupac Puggioni hat sich zu einem Treffpunkt für Folklore und regionale Küche entwickelt. Die Speisekarte bietet die klassischen Gerichte der *salteños* wie *empanadas* und *locro* an, daneben innovativ wiederentdeckte indianische Zutaten wie Lamafleisch und das Inkakorn Quinoa. *Balcarce 885 | Tel. 0387/421 77 27 | www.viejaestacion-salta.com.ar | €€*

■ EINKAUFEN

Rund 400 Kunsthandwerker regionaler und indianischer Tradition stellen sonntags ihre Textilien und sonstige Waren im Markt auf der Straße aus, wo abends lokale Musik und Kochkunst den Ton angeben *(So 9–22 Uhr*

DER NORDWESTEN

Balcarce 400–900). Die Werkstatt des berühmten *Silberschmieds* Horacio Bertero liegt in der *Alvarado 296.*

ÜBERNACHTEN

CASA REAL HOTEL
Modernstes Haus nahe dem Stadtzentrum. *83 Zi.* | *Mitre 669* | *Tel. 0387/421 22 00* | *Fax 421 94 96* | *www.casarealsalta.com* | €€–€€€

AUSKUNFT

DIRECCIÓN PROVINCIAL DE TURISMO
Buenos Aires 93 | *Tel./Fax 0387/ 431 09 50* | *www.turismosalta.gov.ar*

ZIELE IN DER UMGEBUNG

CACHI UND VALLES CALCHAQUÍES [126 C3]

Insider Tipp

Eine Fahrt nach Cachi (150 km südwestlich von Salta) durch die frucht-

Die golden glänzende Pracht des Barock: San Francisco aus dem 18./19. Jh.

HOTEL PORTEZUELO
Etwas außerhalb; exzellente Einrichtungen, guter Service. *63 Zi.* | *Av. del Turista 1* | *Tel./Fax 0387/431 01 04* | *www.portezuelohotel.com* | €€

HOTEL REGIDOR
Gutes Mittelklassehotel im Zentrum gegenüber der Plaza. *30 Zi.* | *Buenos Aires 10* | *Tel./Fax 0387/431 13 05* | *www.hotelregidor.com.ar* | €

baren Valles Calchaquíes, die heiligen Täler, wie sie die Indianer nennen, führt durch eine bizarre Bergwelt mit malerischen Indianerdörfern, in denen Chilischoten angebaut und Ziegen gezüchtet werden. Bunte Erzgebirge, sattes Grün in den Tälern und knallrote Chilischoten, die an den Hängen zum Trocknen ausgelegt werden, beleben die stille Bergwelt. Zu den Höhepunkten der Reise ge-

SALTA

Insider Tipp hört ein Besuch im *Parque Nacional Los Cardones*. Der Nationalpark beherbergt riesige Kandelaberkakteen. Diese *cardones* blühen erst im Alter von 40 Jahren und sind bei den Indianern wegen ihrer süßen Früchte und des widerstandsfähigen Holzes beliebt. Hier steht das inzwischen selten gewordene Vikunja, ein besonders wolliges Lama, unter Naturschutz.

Dem Nationalpark schließt sich die *Recta Tin Tin* an, ein Wegabschnitt, der mit der alten Inkastraße nach Cuzco übereinstimmt. Die einzige Abzweigung nach Westen auf diesem Abschnitt führt über Chiclantás ins kleine Dorf *Molinos*, wo Sie den biodynamischen Weinanbau der **Insider Tipp** *Bodega Colomé* besuchen können. Neun Zimmer stehen für Übernachtungsgäste bereit *(Ruta Provincial 53 km 20 | Tel. 03868/49 40 44 | www. bodegacolome.com | €€€).* Schließlich beginnt die Straße am Zusammenfluss des Río Calchaquí und des Río Cachi in Serpentinen zum alten Städtchen *Cachi* abzusteigen. Hier am Fuß des Nevado de Cachi (6380 m) wohnten schon vor der spanischen Eroberung die Chicuanaindianer. Ihre Nachfahren nahmen den katholischen Glauben an. Die Decke der kleinen Kolonialkirche *San José* ist vollständig mit Kaktusholz ausgekleidet. Nach Cachi fahren täglich Busse von Salta aus. Wer übernachten möchte, findet 33 Zimmer in der *Hostería Sol del Valle-ACA (Ruta Nacional 40 km 1237 | Tel. 03868/ 49 11 05 | www.soldelvalle.com.ar | €–€€),* wo auch das einzige Restaurant untergebracht ist.

PARQUE NACIONAL EL REY [127 D3]

190 km östlich von Salta liegt dieser Nationalpark mit einem weiten Gebiet nahezu unberührten Urwaldes.

Ein Meer aus feurigen Schoten: Chilianbau in den Valles Calchaquíes

DER NORDWESTEN

Hier werden Jaguare, Pumas, Tapire und Andenhirsche geschützt.

TREN A LAS NUBES ★ ☼ UND ANTOFAGASTA DE LA SIERRA [126 C3]

Der „Zug zu den Wolken" fährt nach zweijähriger Betriebspause wieder von April bis November von Salta aus zur letzten größeren Ortschaft vor der chilenischen Grenze, San Antonio de los Cobres *(Mi, Fr, So | hin und zurück 15 Std. | 140 US$ | Buchung über Reiseagenturen)*, und überwindet dabei auf der 217 km langen Fahrt einen Höhenunterschied von 3300 m. Aus der fruchtbaren, blühenden Umgebung von Salta gelangen die Reisenden in zunehmend engere Täler mit steilen Felswänden und baumhohen Kandelaberkakteen. Vom Wagenfenster aus sieht man kleine steinerne Pyramiden am Rand der Gleise. Diese *pachetas* sind Geschenke der Ureinwohner an ihre Erdmutter Pachamama. Niemand weiß, wie alt diese Steinhaufen sind, die nicht abgetragen werden dürfen.

Teilweise parallel zur Bahn führt die Nationalstraße 51 nach San Antonio de los Cobres, obwohl die Sicht vom Zug aus unvergleichlich besser ist. Der Vorteil, wenn Sie die Tour mit dem Auto unternehmen: Man kann mit dem Geländewagen weiter südwärts bis nach *Antofagasta de la Sierra* [126 B4] in Catamarca fahren. Die kleine Landkreishauptstadt mit nur 650 Ew., auf 3400 m Höhe gelegen, ist umgeben von einer unglaublichen Vulkanlandschaft, in der Sie Salzlagunen, wilde Vikunjaherden, verlassene Goldminen, offen liegende Quarzkristalle und Wandmalereien der Indianer finden, zu denen *Zoltan Czekus (San Martín 436 | Tel. 03833/43 68 65)* über fast geheime Wege führt.

Der „Wolkenzug" fährt in den Andenhimmel

SAN SALVADOR DE JUJUY

[127 D2–3] **Die 250 000 Ew. große Stadt am Zusammenfluss des Río Grande und des Río Xibi Xibi wird schlicht Jujuy genannt und ist auch Regierungssitz von Jujuy, der nördlichsten Provinz Argentiniens.** Das Gesicht der Stadt ist ärmlich und noch stark indianisch geprägt. Ein großer Teil der Bevölkerung sind Mestizen; außerdem leben noch etwa 40 000 Coyaindianer in der Region. Wichtige Wirtschaftsfaktoren sind der Tabak- und Zuckerrohranbau sowie der Erzabbau in den Blei-, Eisen- und Silberbergwerken. Hier leuchten die Berge in kräftigem Blau, Rot und Gelb. In den wilden Schluchten breiten sich Kakteenwüsten aus, an den Hängen pfeift der Wind um alte Inkafestungen.

SAN SALVADOR DE JUJUY

3000 m hoch in einer breiten Bergschlucht liegt Humahuaca mit seinem Indianermarkt

Nur noch wenige erhaltene Kolonialbauten findet man im Stadtzentrum. Die *Kapelle der heiligen Barbara* aus dem 18. Jh. *(Lamadrid/San Martín)* und das *Provinzmuseum (Mo–Fr 8–13.30 und 15–20, Sa/So 9–13 und 16–20 Uhr | Eintritt 1 Peso | Lavalle 434)* gehören dazu. Die *Kathedrale* (18. Jh.) an der Plaza Belgrano birgt eine aus Hartholz geschnitzte Kanzel. Diese Arbeit der Guaraníindianer gilt als schönstes Werk des argentinischen Barocks.

Unweit vom Stadtzentrum liegt die *Hostería Munay (6 Zi. | Alvear 1230 | Tel. 0388/422 84 35 | www.munayhotel.jujuy.com | €)*. Das *Alto del Molle (Calle El Picaflor 477, Barrio Los Perales | Tel. 0388/426 04 38 | www.altodelmolle.com.ar | €)* bietet drei Zimmer in rustikaler Eleganz rund 2 km vom Zentrum. Direkt in der Innenstadt dagegen finden Sie das gute Mittelklassehotel *Hotel Internacional (Belgrano 501 | Tel./Fax 0388/423 15 99 | www.hinternacionaljujuy.com.ar | €€)* mit 85 Zimmern. Auskunft: *Dirección de Turismo | Gorriti 295 | Tel./Fax 0388/422 13 26*

ZIEL IN DER UMGEBUNG
QUEBRADA DE HUMAHUACA ★ ☼ [126–127 C–D2]

Am Eingang des Flusstals, in der beeindruckenden Schlucht Quebrada de Humahuaca, beginnt das Reich Pachamamas. Eine Kette kleiner Indianerdörfer und die Reste inkaischer Festungen lassen erahnen, wie das Leben der Indianer in den Kolonialstädten einst ausgesehen haben mag. Die Ruta Nacional 9, die sich durch das langsam ansteigende Tal schlän-

DER NORDWESTEN

gelt, war im 17. Jh. die Hauptverkehrsader zu den reichen Minen Potosís und noch früher der Königsweg der Inkas.

Tumbaya, das erste der Indianerdörfer, zählt 150 Ew., die auf 2100 m Höhe von der Weidewirtschaft leben. Am 15. September feiern sie in ihrer freskenverzierten, kleinen Kirche den Tag ihrer Schutzpatronin *Virgen de los Dolores* mit einer farbenfrohen Prozession. Hinter Tumbaya beginnt zwischen den roten Felsen die Kakteenwüste.

Im Dorf *Purmamarca* bietet eine Übernachtung im Hotel El Manantial del Silencio *(19 Zi. | Ruta Nacional 52 km 3,5 | Tel. 0388/490 80 80 | www.hotelmanantial.com.ar | €€€)* die Gelegenheit, die stille Größe der Berglandschaft zu genießen. Am Fuß der bunt gestreiften Felswände des Cerro de los Siete Colores ducken sich die kleinen Häuser aus Lehm und Kaktusholz. Die schlichte Kirche stammt von 1648 und wird von einem noch älteren Johannisbrotbaum überschattet. Hier findet nachmittags ein bunter Indianermarkt statt. Es gibt gemahlene Gewürze, besonders scharfe Chilischoten und auch Kokablätter zu kaufen. Daneben werden Textilien – Pullover, Ponchos, Decken – und schöne Keramikarbeiten angeboten.

Wenige Kilometer weiter gelangt man nach *Tilcara* (13 000 Ew.) auf 2460 m Höhe. Es gibt ein paar Restaurants und Übernachtungsmöglichkeiten. Die eigentliche Attraktion des Orts sind jedoch die Reste der alten Inkafestung *El Pucará de Tilcara*, deren Grundmauern sich über einen Bergrücken im Süden des Orts ziehen. Dem Wind ausgesetzt, kann man von der Pucará aus das gesamte Tal überblicken. Einige der Behausungen sind originalgetreu mit Kaktusholz und Quadersteinen wieder aufgebaut worden.

Zwischen Tilcara und dem nächsten Dorf *Huacalera* verläuft der Wendekreis des Steinbocks. Neben dem Hinweisschild steht die Kirche mit bedeutenden Fresken aus dem 17. Jh. In *Uquia* befindet sich in der kleinen Kirche von 1691 der älteste Altaraufsatz der Region. Am 3. Mai *(Día de la Cruz)* wird hier der Schutzpatron, San Francisco de Padua, pompös gefeiert.

Inzwischen ist die Straße auf 2939 m angestiegen und erreicht den aus dem 16. Jh. stammenden Ort *Humahuaca*. 8000 Menschen leben hier. Die schmalen Gassen und traditionell schlichten Häuser aus Adobe und Kaktusholz werden von einem kolossalen Denkmal zur Unabhängigkeit überragt. Zwischen den verwinkelten Häuserzeilen liegt Kopfsteinpflaster. Was man zunächst nur ahnt, wird im *Museo Torres Aparicio (Do–Sa 10 bis 13 Uhr | Córdoba 249)* zur Gewissheit: Spanische Möbel und französisches Porzellan spiegeln den vergangenen Reichtum Humahuacas als Handelsstützpunkt wider. Auf dem Indianermarkt werden wertvolle Wandteppiche und Masken aus Kaktusholz angeboten.

Nach Humahuaca kommt man am besten mit dem Mietwagen. Ausflugsbusse, sogar die öffentlichen Busse, sind meistens hoffnungslos überfüllt und halten nur in den Ortschaften Tilcara, Purmamarca und Humahuaca selbst.

> CHAMAMÉ, MATE UND TROPISCHES FLAIR

Die enormen Wasserfälle von Iguazú sind Argentiniens tropisches Paradies

> Das argentinische Mesopotamien wird durch die Flüsse Paraná und Uruguay begrenzt, die über weite Strecken hinweg auch die Landesgrenzen zu Uruguay, Brasilien und Paraguay bilden.

Zwischen diesen beiden gewaltigen Strömen liegen die Provinzen Entre Ríos, Corrientes und Misiones. Noch bis vor wenigen Jahrzehnten bildeten sie eine isolierte Halbinsel, die nur zu Brasilien einen Grenzübertritt auf dem Landweg erlaubte. Heute ist das argentinische Mesopotamien über gewaltige Brücken und einen Unterwassertunnel von Santa Fe nach Paraná ans restliche Staatsgebiet Argentiniens angeschlossen.

Die wichtigsten Orte der drei Provinzen sind durch ein dichtes Omnibusnetz miteinander verbunden. Die Hauptstädte und Puerto Iguazú werden außerdem täglich von den Fluglinien Aerolíneas Argentinas, Lan und Austral angeflogen.

Bild: Wasserfälle von Iguazú

DAS ZWEISTROMLAND

Das Zweistromland übt durch die träge Schönheit der beiden Ströme und seine tropische Atmosphäre einen besonderen Reiz aus. Die Luft ist schwül und angefüllt mit dem Aroma unzähliger Blüten. Abends tanzt man Chamamé oder trifft sich mit den Nachbarn vorm Hauseingang auf einen Mate. Die Stadt Corrientes hat sich vor allem wegen ihres farbenfrohen Karnevals einen Namen gemacht.

Landwirtschaftlich sind diese Provinzen von großer Bedeutung. In Entre Ríos werden vorwiegend Soja, Flachs, Zitrusfrüchte und Sonnenblumen angebaut, während sich das morastige Corrientes eher für den Anbau von Reis eignet, aber auch riesige Tabakpflanzungen zu bieten hat. Zu den wirtschaftlichen Stützpfeilern von Misiones gehören der Anbau von Yerba Mate und der Holzeinschlag. Der Reichtum an Edelhölzern scheint

PARANÁ

der Provinz allerdings zum Fluch zu werden, denn geschützt wird der subtropische Regenwald lediglich im Nationalpark Iguazú. Außerhalb aber wird allerorten Raubbau an den Urwaldriesen getrieben.

Auch die Wildtiere dieser einzigen tropischen Region Argentiniens sind ohne Ausnahme vom Aussterben bedroht: Puma, Ozelot, Wildkatze und Jaguar werden wegen ihrer wertvollen Felle gnadenlos verfolgt. Ähnlich bedenklich steht es um zahlreiche Papageienarten, die ihre Käufer in Europa und Nordamerika finden.

Trotzdem ist eine Reise nach Misiones ein unvergleichliches Erlebnis. Die Provinz besitzt mit den Wasserfällen von Iguazú eines der großartigsten Naturspektakel Lateinamerikas. Im Grenzgebiet zu Brasilien und Paraguay stürzen sich insgesamt 275 Wasserfälle 70 m in die Tiefe. Gleichzeitig ist die Provinz mit den Ruinen ehemaliger Missionsstädte aus dem 17. Jh. übersät, die zum Teil noch so gut erhalten sind, dass man eine lebhafte Vorstellung davon erhält, wie die Guaraníindianer in ihnen gelebt und gearbeitet haben.

PARANÁ

[128 B6] Die Hauptstadt (250 000 Ew.) der Provinz Entre Ríos liegt auf einem Hügel mit herrlichen Ausblicken auf den Río Paraná und seine zahlreichen dicht bewaldeten Inseln. Der Urquiza-Park zieht sich vom Ufer des Paraná bis hin zur Stadtmitte. Die großzügig angelegte Stadt ist der Knotenpunkt der gesamten Region. 1853 wurde hier die Konföderation Argentiniens ausgerufen; acht Jahre lang war Paraná so auch Hauptstadt der Republik. Historische Gebäude und Plätze erinnern daran.

SEHENSWERTES

HAFEN
Westlich des Badestrandes am Paraná schließt sich der alte Hafen mit historischem Gerät, hölzernen Fischerbooten und Ausblicken über den Fluss an.

KATHEDRALE
Am östlichen Ende der Plaza 1. de Mayo steht diese älteste Kirche Paranás im Renaissancestil. Sie beherbergt neben einer aus Deutschland importierten Orgel einen eindrucksvollen Altar, der Jungfrau des Rosenkranzes gewidmet.

Die Guaraníes im Dschungel von Misiones werden auch „Urwaldindios" genannt

> www.marcopolo.de/argentinien

DAS ZWEISTROMLAND

■ ESSEN & TRINKEN

In den Flüssen der Region tummeln sich zahlreiche schmackhafte Süßwasserfische wie der *pejerrey de río,* der *sábalo* und der bis zu 20 kg schwere und 80 cm lange *dorado.* Lassen Sie sich hier keinesfalls einen *dorado a las brasas* entgehen. Der Fisch wird, mit Oregano, Zwiebeln, Tomaten und Paniermehl gefüllt, langsam auf dem Holzkohlegrill gegart.

Insider Tipp

LOS MONJES
Internationale Küche im gepflegten Hotel Mayorazgo mit schöner Sicht auf den Paranáfluss. *Etchevehere/Miranda | Tel. 0343/423 03 33 | €*

LOS PIPOS
Frisch gefangene Flussfische aus dem Paraná. *Av. de las Américas 3685 | Tel. 0343/435 05 66 | €*

■ ÜBERNACHTEN

HOWARD JOHNSON MAYORAZGO
Luxushotel nahe beim großen Urquiza-Park. *123 Zi. | Av. Etchevehere/Miranda | Tel./Fax 0343/423 03 33 | www.hmmayorazgo.com.ar | €€€*

GRAN HOTEL PARANÁ
120 Zimmer in zentraler Lage. *Urquiza 976 | Tel. 0343/422 39 00 | Fax 422 39 79 | www.hotelesparana.com.ar | €€*

PARANÁ HOTEL PLAZA JARDÍN
55 Zimmer, ebenfalls im Zentrum. *9 de Julio 60 | Tel. 0343/423 17 00 | Fax 422 32 05 | www.hotelesparana.com.ar | €*

■ AUSKUNFT

OFICINA DE TURISMO
Buenos Aires 132 | Tel. 0343/423 01 83 | www.turismo.entrerios.gov.ar

■ ZIEL IN DER UMGEBUNG

COLÓN/EL PALMAR [128 C6]
Der Ferienort Colón am Ufer des Río Uruguay mit seinen breiten Sandstränden und üppigem Palmenbestand blickt auf eine mehr als 100-jährige Geschichte zurück. Die imposanten Klippen am Uferrand und eine sommerliche Durchschnittstemperatur von 30 Grad tun ihr Übriges, um den 21 000 Ew., hauptsächlich Nachfahren französischer und Schweizer Einwanderer, ein Auskommen im lokalen Tourismus zu garantieren. Von Paraná aus ist Colón über die Ruta 18 nach Osten und weiter über die Ruta 130 nach Südosten zu erreichen, insgesamt 280 km.

MARCO POLO HIGHLIGHTS

★ **Cataratas del Iguazú**
Tropischer Urwald umgibt die gigantischen Wasserfälle an der Grenze zu Brasilien (Seite 85)

★ **Floating**
Mit dem Schlauchboot auf dem Río Iguazú oberhalb der Wasserfälle treiben (Seite 85)

★ **Esteros del Iberá**
Abenteuerurlaub in den Sümpfen von Corrientes (Seite 80)

★ **San Ignacio Mini**
Die schönste Jesuitenreduktion aus dem Jahr 1610 (Seite 83)

PARANÁ

Übernachtungsmöglichkeiten bieten das *Hotel Holimasú (23 Zi. | Belgrano 28 | Tel. 03447/42 13 05 | www.hotelholimasu.com.ar | €), das Internacional Quirinale Hotel (196 Zi. | Av. Gobernador Quiroz 185 | Tel. 03447/42 11 33 | www.hquirinale.com.ar | €€€)* und das etwas kleinere *Hotel Palmar (37 Zi. | Bulevar Ferrari 285 | Tel. 03447/42 19 48 | www.hotelpalmar.com.ar | €).*

Colón ist auch Ausgangspunkt für Ausflüge in den knapp 60 km entfernten Nationalpark *El Palmar,* wie sie von fast allen Reisebüros in Colón angeboten werden. Im Park selbst können auch Führungen arrangiert werden. Der Palmenwald ist durch Wanderwege gut erschlossen und in einem Tagesausflug zu meistern. *Turismo Itaí Corá (San Martín 97 | Tel. 03447/42 33 60 | www.itaicora.com)* organisiert Flussfahrten in kleinen Motorbooten auf dem Río Uruguay sowie Ausflüge zum *stonehunting*

(Achat und andere vom Fluss angeschwemmte Halbedelsteine) und zu den Wasserschweinen, den größten lebenden Nagetieren der Erde.

ESTEROS DEL IBERÁ ★ [129 D3]

Abenteuerreisen in die Sümpfe von Iberá in der Nachbarprovinz Corrientes veranstalten viele Reiseunternehmen sowie die Hotels im kleinen Ort Colonia Pellegrini am Lagunenufer *(Posada de la Laguna | 7 Zi. | Guazú Virá | Tel. 03773/49 94 13 | www.posadadelalaguna.com | €€€; Rancho Inambú Hostel | 5 Zi. | Yerutí zwischen Pehuajó und Aguapé | Tel. 0221/491 67 51 | www.ranchoinambu.com.ar | €).* Kaimane, Wasserschweine und tropisches Flair gehören auch zu den Fotosafaris und Reitausflügen, die für die Gäste der *Estancias Atalaya (Tel. 03783/43 32 69 | www.hresa.com | €€ mit Vollpension)* in Itatí [128 C2] und *La Pelada (Tel. 03777/46 00 32 | www.hresa.com | €€–€€€ mit Vollpension)* in

Besuch bei Kaiman und Wasserschwein: in den Sümpfen Esteros del Iberá

DAS ZWEISTROMLAND

Esquina [128 B5] organisiert werden. *Itatí* ist ein winziger Hafen am Río Paraná. Die ältesten Bauwerke des Ortes (4600 Ew.) wurden 1615 von Jesuitenpadres gebaut.

GOYA [128 B–C4]
Schon die Fahrt in die gut 350 km nördlich von Paraná gelegene Stadt (67 000 Ew.) ist ein Erlebnis. Der Weg führt durch Sümpfe und Zitronenhaine über die Ruta 12. Um 1772 gegründet, ist Goya heute ein Zentrum des Reis- und Tabakanbaus. Palmenhaine laden zu Spaziergängen ein, und für Angler gibt es zahlreiche Möglichkeiten zu Exkursionen. Touristeninformation: *José Gómez 953 (am Busterminal) | Tel. 03777/ 43 17 52*

POSADAS

[129 E2] **Die Hauptstadt (280 000 Ew.) der im äußersten Nordosten Argentiniens an der Grenze zu Paraguay und Brasilien gelegenen Provinz Misiones ist Ausgangspunkt für Exkursionen zu den Ruinen der Jesuitenreduktionen, die der Provinz ihren Namen gaben.** Das Grün der Bäume steht in lebhaftem Gegensatz zu der ziegelsteinroten, eisenerzhaltigen Erde vulkanischen Ursprungs, die ebenso typisch für die Region ist wie das feuchtwarme Klima. Auf der *Plaza 9 de Julio* im Zentrum leuchten blau und lila die Jakarandabäume über das gesellschaftliche Leben der Stadt.

■ SEHENSWERTES
MUSEO REGIONAL ANÍBAL CAMBAS
Fundstücke aus den Jesuitenreduktionen und Kunsthandwerk der Guaraníindianer. *Di–Fr 8–12 und 15 bis 20, Sa 9–12 und 17–20, So 17–20 Uhr | Eintritt 3 Pesos | Alberdi 600, im Parque República de Paraguay*

PALACIO DEL MATE
Der Matepalast ist kein Matemuseum, sondern ein den Teepflanzern gewidmetes Gebäude, in dem das Museum der schönen Künste *(Museo de Bellas Artes)* untergebracht ist. *Mo–Fr 8–12.30 und 14–20 Uhr | Eintritt 3 Pesos | Rivadavia 1846*

■ ESSEN & TRINKEN
In Misiones sind die Ureinwohner, die Tupiguaraníes, noch allseits präsent. Dieser Einfluss macht sich auch in der Küche bemerkbar. Fragen Sie z. B. nach *yopará*, einem Eintopf aus Mais, Erbsen und Maniok, und *yaguá hacú* [Insider Tipp], mit Zwiebeln, Petersilie und Knoblauch angebratenen Fleischstückchen. Diese werden häufig zu gebackenen Maniokknollen gereicht.

EL MENSÚ
Traditionelles Restaurant mit der besten regionalen Küche, etwa *pastel de mandioca* oder Flussfisch. Gute Weinkarte. *Santa Fe/3 de Febrero | Tel. 03752/43 72 88 | €€*

LA QUERENCIA
Besonders bei Einheimischen beliebtes Lokal. *Bolívar 322 | Tel. 03752/ 43 71 17 | €*

■ EINKAUFEN
MERCADO ARTESANAL
Neben dem Regionalmuseum *(Alberdi 600)* im Parque República de Paraguay finden Sie diesen Kunstgewerbemarkt mit schönen Korbwaren.

POSADAS

■ ÜBERNACHTEN ■
HOTEL POSADAS
Stilvolles Hotel in zentraler Lage. *68 Zi. | Bolivar 1949 | Tel. 03752/ 44 08 88 | Fax 43 02 94 | www.hotel posadas.com.ar | €€*

317 000 Ew. die kleine, aber von modernem Geschäftsleben geprägte Hauptstadt der gleichnamigen Provinz. Orangen- und Akazienbäume säumen die nüchternen Straßen, die erst im Februar mit dem Karneval

Río Paraná in Corrientes: Eine Spezialität der Stadt sind Flussfische

LIBERTADOR
Gepflegte Atmosphäre auf 31 Zimmern. *San Lorenzo 2208 | Tel. 03752/ 43 69 01 | Fax 43 94 48 | www.liber tadorposadas.com.ar | €–€€*

■ AUSKUNFT ■
INFORMACIÓN TURÍSTICA
Colón 1985 | Tel. 03752/44 75 40 | www.turismo.misiones.gov.ar

■ ZIELE IN DER UMGEBUNG ■
CORRIENTES   [128 C2]
Das gut 300 km westlich von Posadas gelegene Corrientes ist mit

spektakulär belebt werden. Das alte *Franziskanerkloster (Mendoza 468)* gehört zu den wenigen gut erhaltenen historischen Gebäuden der Stadt. Ab 1608 gebaut, beherbergt es noch zahlreiche Reliquien und religiöse Geräte aus der Gründerzeit. Eine Spezialität der Stadt sind Flussfische (z. B. *surubí* in Aluminiumfolie gebacken). **Insi Tip**

JESUITENREDUKTIONEN   [129 E2]
Von Posadas aus sind die Reste der Missionsstationen mit Linienbussen problemlos zu erreichen. Zahlreiche

> *www.marcopolo.de/argentinien*

DAS ZWEISTROMLAND

Reisebüros bieten Halbtagesausflüge (55 km) nach ⭐ *San Ignacio Mini (tgl. 8–19 Uhr | Eintritt 12 Pesos)* an, der schönsten der Reduktionen. San Ignacio Mini ist vor allem berühmt für seine Bauwerke aus Buntsandstein und Basalt, seine Arkadengänge und indianische Kirchenmalerei. Wer genügend Zeit hat, sollte sich auch die Missionsstädte *Candelaria* (20 km), *Santa Ana* (40 km) und *Loreto* (50 km) ansehen.

Vom Beginn ihrer Missionstätigkeit bis zur Vertreibung der Jesuiten 1767 lieferten die christlichen Indianerdörfer Stoff für Legenden, Verleumdungen und Spekulationen. Wahr ist, dass die Siedlungen durch den Anbau von Mate und durch Viehzucht beträchtliche Gewinne erwirtschafteten, die bei den ortsansässigen *estancieros* Neid hervorriefen. Oft wurden die Reduktionen als eine frühsozialistische Gesellschaftsform interpretiert. Denn die Produktionsmittel befanden sich in den Händen der Allgemeinheit, und die Verwaltung wurde gemeinschaftlich organisiert. Berühmt waren die Städte auch für die Musikalität und handwerklichen Fähigkeiten ihrer Bewohner. Die Grenzkriege zwischen Argentinien, Paraguay und Brasilien im 19. Jh. zerstörten schließlich die Gebäude der Missionssiedlungen.

PUERTO IGUAZÚ

[129 F1] **Der kleine, eher ungepflegte Ort wäre sicher keine Reise wert, wenn in seiner Nähe nicht die größten und eindrucksvollsten Wasserfälle des ganzen amerikanischen Kontinents tosend in die Tiefe stürzten.** Zwischen der Kleinstadt und dem Parque Nacional Iguazú liegen nur 20 km. Zahlreiche Reisebüros bieten neben den klassischen Bustouren auch Wanderungen durch den Urwald und Floating auf dem Oberlauf des Río Iguazú an.

Auf der brasilianischen Seite, auf der die Wasserfälle liegen, befinden sich zahlreiche Hotels internationalen Niveaus im moderneren Foz do Iguaçu. Auf argentinischer Seite ist man praktisch am Wassergetöse inmitten des Urwalds, auf der brasilianischen hat man dagegen eine weitere Über-

> BLOGS & PODCASTS
Gute Tagebücher und Files im Internet

> - **www.buenos-aires-insider.de** – vielseitige Infos über Land und Leute – Podcasts vom Schweizer Radio
> - **http://buenosaires.gov.ar/blog/travellingbuenosaires** – Blog des Tourismussekretariats der Stadt Buenos Aires, auf Englisch
> - **www.travelblog.org/South-America/Argentina** – bunt gemischte Sammlung von Reiseberichten auf Englisch
> - **www.trendypalermoviejo.blogspot.com** – über Buenos Aires' Designerviertel Palermo, auf Englisch und Französisch

Für den Inhalt der Blogs & Podcasts übernimmt die MARCO POLO Redaktion keine Verantwortung.

PUERTO IGUAZÚ

sicht. Flussabwärts, in Richtung von Itaipú, dem größten Wasserkraftwerk der Welt, kommt man über eine Brücke nach Ciudad del Este in Paraguay, ein Preisparadies mehr oder minder legal gehandelter Waren aus aller Welt.

Tel./Fax 03757/42 02 49 | www.alexanderhotel.com.ar | €€

HOTEL BOURBON CATARATAS

Von einem Park umgebenes Luxushotel mit 312 Zimmern auf brasilianischer Seite an der Straße zu den Wasserfällen (22 km von diesen entfernt). *Rodavia das Cataratas km 2,5 | Tel. 005545/35 21 39 00 | Fax 35 21 01 23 | www.bourbon.com.br | €€€*

ESTURIÓN

Hotel mit Schwimmbad und drei guten Restaurants. 123 Zimmer, zum Teil mit Sicht auf den Fluss. *Av. Tres Fronteras 650 | Tel./Fax 03757/42 01 00 | www.hotelesturion.com.ar | €€–€€€*

In Iguazú können Sie auch die artenreiche Vogelwelt bestaunen

ESSEN & TRINKEN

Außerhalb der Hotels ein gutes Restaurant zu finden ist recht schwierig. Zu empfehlen: *La Rueda (Av. Córdoba 28/Victoria Aguirre | Tel. 03757/42 25 31 | €–€€)*. Gegrilltes und Fisch gibts im *El Quincho del Tío Querido (Av. Bonpland 110 | Tel. 03757/42 01 51 | www.eltioquerido.com | €)*.

ÜBERNACHTEN

ALEXANDER

Mittelklasse mit Swimmingpool und Snackbar. *50 Zi. | Av. Córdoba 222 |*

> www.marcopolo.de/argentinien

DAS ZWEISTROMLAND

HOTEL RAFAIN CENTRO
Viersternehotel mit 120 Zimmern auf der brasilianischen Seite im Zentrum von Foz do Iguaçu. *Rua Marechal Deodoro 984 | Tel./Fax 005545/ 35 21 35 00 | www.rafaincentro.com. br | €€*

TROPICAL
4 km außerhalb liegt das kleine Hotel mit 60 Zimmern in einem eigenen kleinen Park. Schwimmbad und Restaurant. *Ruta 12 km 4 | Tel. 03757/ 42 06 50 | www.hoteltropicaliguazu. com.ar | €€*

FREIZEIT & SPORT

Der subtropische Regenwald mit seiner berauschenden Artenvielfalt lädt zur Fotosafari und zu Spaziergängen ein. Wer weiter in den dichten Urwald eindringen möchte, kann eine Tour über den Macucopfad bis zum unteren Iguazúfluss und dann im Schlauchboot am Arrecheafall vorbei zurück zur Garganta del Diablo der Iguazúfälle buchen *(Iguazú Jungle Explorer | Hotel Internacional Iguazú und im Park | Tel. 03757/ 42 16 96, Anschluss 825 | www.igua zujunglexplorer.com)*.

Ein Abenteuer ganz anderer Art ist ★ Floating (im Schlauchboot ohne Motor) auf dem Oberlauf des Iguazú, d. h. oberhalb der Wasserfälle. Die Fahrt beginnt in Puerto Canoas und führt den Fluss hinab bis kurz vor die Wasserfälle. Wer möchte, kann auch einen Tagesausflug (auch mit Führung der einheimischen Guaraníesindianer) buchen, der durch unberührten Urwald führt und hervorragende Möglichkeiten zur Beobachtung der artenreichen Tier- und Pflanzenwelt bietet. *Aguas Grandes | Mariano Moreno 58 | Tel. 03757/ 42 55 00 | www.aguasgrandes.com*

AUSKUNFT

Informationen erhält man über das örtliche Tourismusbüro *(Victoria Aguirre 311 | Tel. 03757/42 08 00)* und über die Parkverwaltung *(Tel. 03757/49 14 69 | www.parquesnacio nales.gov.ar, www.iguazuargentina. com)*.

ZIELE IN DER UMGEBUNG

CATARATAS DEL IGUAZÚ ★ ☼ [129 F1]
Im *Parque Nacional de Iguazú* werden Sie Zeuge eines unvergesslichen Naturschauspiels. Die großen Wasser, wie die Guaraní die Wasserfälle nennen, stürzen sich aus 70 m Höhe in die hufeisenförmige Schlucht. Die

>LOW BUDGET

> Auch in den Nordosten fährt man mit dem Zug viel billiger als mit allen sonstigen Transportmitteln. Der Zug El Gran Capitán verbindet zweimal wöchentlich Buenos Aires *(Estación Federico Lacroce | www.trenes dellitoral.com.ar)* mit Posadas in einer 26-Stunden-Fahrt, die freilich auch länger dauern kann: 2. Klasse 13 Euro, Schlafwagen 45 Euro, 1. Klasse (im Sommer ratsam!) 24 Euro.

> Für nur rund 6 Euro kann man mit den lokalen Fischern in Paraná in einfachen Booten einen Tagesausflug unternehmen und über die Küstenvegetation, rund 300 Fischarten und die alten Fischertraditionen Abfahrt: *Steg der Costane Muelle 2 | www.protege*

PUERTO IGUAZÚ

Front der Fälle, in ein weites Delta mit zahllosen Inseln aufgefächert, misst 2,7 km. Die Luft flirrt vor Hitze, gewaltige Gischtmassen lassen bei Sonnenschein kleine Regenbogen entstehen, die gesamte Gegend ist von einem ständigen Dröhnen erfüllt.

Hier, im äußersten Nordosten Argentiniens, fallen jährlich 2000 mm Niederschlag. Nachts steigt die Luftfeuchtigkeit auf 90 Prozent, und die warmen Tagestemperaturen lassen die gesamte Gegend zu einem fruchtbaren Treibhaus werden, in dem die Natur so üppige Formen annimmt wie im Paradies.

Der Regenwald bringt gewaltige Baumriesen hervor wie den bis zu 40 m hohen Lapacho Negro sowie zahlreiche Edelhölzer, Bambusgewächse, Guavenbäume und wilde Papayas, Tausende von Ficusgewächsen und unzählige leuchtende Orchideen, Lianengewächse und Kletterpflanzen, Malven mit spinnenförmigen Früchten und grazile Palmen. Schwergewichtige Tapire (300 kg) und kleine Hirsche durchstreifen das Unterholz nach Früchten. Riesige Rudel von Warzenschweinen machen die Gegend unsicher, und auf den Bäumen leben Kapuziner- und Brüllaffen. Neun verschiedene Arten von Beuteltieren ernähren sich von Insekten und Früchten. Sie werden selbst zur Beute, wenn Jaguar, Puma, Wild-

> BÜCHER & FILME
Perón, Pampa, Patagonien: argentinische Mythen

> **Santa Evita** – Tomás Eloy Martínez zeichnet in diesem Roman ein Porträt des Mythos um Eva Perón, das Land und Leute präziser als viele Geschichtsbücher und subtiler als Musicals und Filme darstellt.

> **Jorge Luis Borges** – Die Kurzgeschichten des 1899 in Buenos Aires geborenen Schriftstellers spiegeln die Stimmung in den Vororten seiner Heimatstadt zu Beginn des 20. Jhs. wider, als der Tango entstand.

> **Far Away and Long Ago** – In den Erinnerungen an seine argentinische Kindheit beschreibt der englische Ornithologe William H. Hudson das Landleben der Pampa um 1850.

> **In Patagonien** – Bruce Chatwins bereits klassischer Reisebericht aus den Siebzigerjahren zeigt den Süden Argentiniens und dessen Bewohner ein paar Jahrzehnte vor dem aktuellen Tourismusboom.

> **Nueve Reinas** – Der Thriller (engl. „Nine Queens") des jung verstorbenen Regisseurs Fabián Bielinsky aus dem Jahr 2000 erzählt von der Überlebenskunst der *porteños*.

> **Kamchatka** – Marcelo Piñeyros Film aus dem Jahr 2002 handelt vom dramatischen Überleben einer von der Militärdiktatur der Achtzigerjahre verfolgten Familie.

> **La Patagonia Rebelde** – Héctor Oliveras Film von 1974 über den gewaltsam beendeten Landarbeiterstreik 1920/21 in Patagonien brachte Hauptdarsteller Héctor Alterio und Drehbuchautor Osvaldo Bayer lange Jahre ins Exil, weil das Militär im Film als verantwortlich für das Arbeitermassaker dargestellt wurde.

DAS ZWEISTROMLAND

katze, Berglöwe, Frettchen, Fuchs und Waschbär auf die Jagd gehen. Nachts gehört der Park den Fledermäusen, selbst der Blut saugende Vampir gehört dazu.

Tagsüber wimmelt es von Schmetterlingen und Vögeln wie Papageien, Kolibris, Spechte und Tukane. Dem Pfefferfresser, Wahrzeichen der gesamten Region, sagen die Guaraní sogar magische Kräfte nach.

Man sollte wegen der teilweise giftigen Schlangen keinesfalls in Sandalen durch das Buschwerk laufen. Außerdem ist ein Balsam für Mückenstiche sowie eine Salbe zur Vorbeugung ratsam. Besonders zu empfehlen: *Repelente Off,* in allen argentinischen Apotheken zu haben.

Sechs verschiedene Rundgänge nehmen von 20 Minuten bis zu drei Stunden in Anspruch. Ein offener, gasgetriebener Ökozug fährt die Gäste durch den Urwald zum Ausgangspunkt der Spazierpfade *(Estación Cataratas)* und zum Steg über den Schwindel erregenden, 80 m hohen Wasserfall der *Garganta del Diablo (Estación Garganta del Diablo).* Im Sommer tgl. 7.30–19.30, im Winter 8.30–18.30 Uhr | Parkeintritt 30 Pesos | www.iguazuargentina.com

FOZ DO IGUAÇU [129 F1]

Die einzige Gelegenheit, eine Gesamtansicht der Wasserfälle zu erleben, ist ein Ausflug in den brasilianischen Ort Foz do Iguaçu. Ein 1,5 km langer, gepflasterter Weg führt dort den Fällen gegenüber am Urwaldrand entlang. Mit einem Lift kann man außerdem die Florianofälle hinauffahren. Ausflüge nach Brasilien organisiert *Sol Iguazú Turismo* *(Puerto Iguazú | Av. Victoria Aguirre 316 | Tel. 03757/42 11 47 | www.sol iguazu.com.ar).*

Buntsandstein und Basalt: Ruinen der Missionsstation San Ignacio Mini

SAN IGNACIO MINI [129 E2]

Auch von Puerto Iguazú aus kann man in einem Tagesausflug die Jesuitenreduktion San Ignacio Mini besuchen *(tgl. 8–19 Uhr | Eintritt 12 Pesos inkl. Führung).* Der Bus macht unterwegs Halt in einer Mateplantage und in der Edelsteinmine *Wanda,* in der hauptsächlich Amethyste gefördert werden.

> GRANDIOSE NATURSCHAUSPIELE

Gigantische Gletscher, versteinerte Wälder und Höhlenmalereien

> Patagonien beginnt südlich des Río Colorado und erstreckt sich über fast 2000 km Richtung Süden bis zur Magellanstraße. Es ist von seiner Ausdehnung her etwas größer als Frankreich, und das bei einer Bevölkerungsdichte von nur einem Menschen je 2 km².

Zwischen den Orten liegen oft mehrere Flugstunden oder tagelange Busfahrten. Das argentinische Eisenbahnnetz endet in Esquel, weiter südlich muss man auf alte Überlandbusse umsteigen. Kaum ein anderes Reiseziel verbindet sich so sehr mit unserer Sehnsucht nach Abenteuer und Abgeschiedenheit.

Patagoniens staubige Küste beherbergt eine faszinierende Tierwelt. Hier treffen Steppenbewohner wie Guanakos, Gürteltiere, Maras (Pampahasen) und Rotfüchse auf riesige Seeelefanten und Pinguinkolonien. Die Strände werden vom planktonreichen Falklandstrom umspült. Die-

Bild: Cerro Fitz Roy

PATAGONIEN UND FEUERLAND

ses ständige Nahrungsangebot lockt Fischschwärme an, die ihrerseits beliebte Beute für größere Jäger sind. So tummeln sich im Golf von San José (Península Valdés) Hunderte von Delphinen. Majestätische Seeelefantenmännchen bewachen ihren Harem in Punta Delgada (Península Valdés). Von Juni bis Oktober kann man mit kleinen Booten unter kundiger Führung die kolossalen Bartenwale beobachten. Jahr für Jahr suchen Hunderte von südlichen Glattwalen die abgeschiedene Küste Patagoniens auf, um sich hier zu paaren und anschließend ihre Jungen aufzuziehen.

Die Anden Südpatagoniens unterscheiden sich ganz wesentlich von allen anderen Gebirgslandschaften der Erde. Die Berge öffnen sich auf die unermesslich weite Steppe oder auf die Flächen der kontinentalen Gletscher. Als Relikt aus der Eiszeit weisen die Anden hier zwei ausgedehnte Eisflächen auf, ähnlich denen Grönlands und der Antarktis, die sich über 17 900 km² erstrecken. Im Osten ragen einige Gletscherzungen in die großen Seen Argentiniens. Dieses Naturschauspiel rechtfertigte 1937 die Einrichtung des Gletschernationalparks im Südwesten der Provinz Santa Cruz mit einer Gesamtfläche von 6000 km². Wenn die Gletscher kalben, treiben kleine Eisberge auf dem Wasser bis in die Steppe.

Steinwüste, Savanne und ausgedörrte Flusstäler prägen das Bild des patagonischen Hochlands im Zentrum der Provinzen Chubut und Santa Cruz. Im Sommer wird es tagsüber unerträglich heiß. Temperaturen bis zu 40 Grad Celsius sind keine Seltenheit. Nachts kühlt es sich empfindlich ab. Die extremen Temperaturschwankungen und schneidenden Winde haben die touristische Erschließung dieser Mondlandschaft bisher verhindert. Und doch hält sie ein einzigartiges Naturschauspiel bereit: die versteinerten Wälder Patagoniens. Im steinernen Wald bei Comodoro Rivadavia sind vor 150 Mio. Jahren riesige Araukarienstämme verkieselt. Bizarre Basaltsäulen erzählen von der Vulkantätigkeit vor Urzeiten.

Südlich der Magellanstraße verliert sich Südamerika im Inselgewirr Feuerlands. Sturm umtost den Granitfelsen Kap Hoorn, wo Pazifischer und Atlantischer Ozean aufeinander prallen. Eisbedeckte Berge wachsen direkt aus dem Meer und beschatten

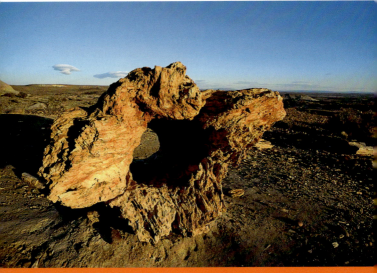

150 Mio. Jahre alt: versteinerte Araukarienstämme im Bosque Petrificado

> www.marcopolo.de/argentinien

...ONIEN UND FEUERLAND

Beaglekanal und Magellanstraße. Und in den tiefen Fjorden Südchiles, in der Cordillera Darwin, herrscht eine atemraubende Stille, die nur durch das Krachen kalbender Gletscher durchbrochen wird.

Feuerland durchzieht eine Staatsgrenze von Norden nach Süden. Der westliche Teil gehört zu Chile, der östliche wird von Argentinien regiert. Reisen und Verkehr sind aber seit einem 1985 geschlossenen Abkommen zwischen beiden Staaten problemlos möglich.

ZIELE IN PATAGONIEN UND AUF FEUERLAND

ALUMINÉ [124 C1]

Insider Tipp

Die nordpatagonischen Seen kann man von Aluminé (Provinz Neuquén) aus gut anfahren (Hotelempfehlung: *Pehuenia | 42 Zi. | Ruta 23/ Capitán Crouzelles | Tel. 02942/ 49 63 40 | www.hotelpehuenia.com. ar | €€*). Am Ufer des Sees Pulmari, 36 km von Aluminé, liegt das exklusive *Piedra Pintada Resort (12 Zi. | Tel./Fax 02942/49 63 96 | www.piedrapintada.com.ar | €€€ mit Vollpension),* wo man rund 180 Vogelarten beobachten kann. Die Mapucheindianer beanstanden allerdings die Land- und Seeabgabe in Pulmari an den italienischen Hotelinhaber.

BOSQUE PETRIFICADO [124 C3]

Insider Tipp

Die moderne Stadt (125 000 Ew.) Comodoro Rivadavia im Süden der Provinz Chubut an der Atlantikküste ist der Ausgangspunkt für Exkursionen in die Welt der versteinerten patagonischen Wälder. Der *Bosque Petrificado José Ormaechea* ist über die Rutas 26 und 20 nach Sarmiento zu erreichen.

CABO DE HORNOS ★ [125 D6]

Segeltörns nach Kap Hoorn, zur legendären Isla de los Estados und durch die Gletscher der Darwinkordillere beginnen alle in Ushuaia.

CERRO FITZ ROY ★ ☀ ▶▶ [124 B4]

Wanderungen im Schatten der imposanten Türme des Fitz-Roy-Massivs beginnen im kleinen Ort El Chaltén (500 Ew.) 220 km nördlich von Calafate. Das Basiscamp des Cerro Torre kann man von hier in einer Tageswanderung erreichen und dann aus 2500 m Höhe einen atemraubenden Rundblick über die patagonischen Anden genießen.

FALKLANDINSELN (ISLAS MALVINAS) [125 E5]

Ob der im Südatlantik gelegene Archipel der Malvinas, so der spanische Name, zu Großbritannien oder zu Ar-

MARCO POLO HIGHLIGHTS

★ **Cabo de Hornos**
Einwöchige Segeltour um das Traumziel aller Segler (Seite 91)

★ **Glaciar Perito Moreno**
Der riesige Gletscher kalbt krachend in den Lago Argentino (Seite 92)

★ **Península Valdés**
Zuflucht für Seelöwen, Pinguine, Wale und Seeelefanten (Seite 94)

★ **Cerro Fitz Roy**
Die imposanten Türme des Massivs laden zu Ausflügen ein (Seite 91)

90 | 91

gentinien gehört, das ist für Argentinier keine Frage. Seit der britischen Besetzung im Jahr 1833 hat kaum je eine argentinische Regierung ihren Souveränitätsanspruch aufgegeben. Argentinien geht es dabei besonders um den Zugriff auf die reichhaltigen Vorkommen an Erdöl und Krill und um den Zugang zur Antarktis. Das Problem ist durch den Falklandkrieg 1982 ganz und gar nicht gelöst worden. Großbritannien unterhält heute einen kostspieligen Marinestützpunkt auf den Inseln, und die Kelper (Falklandbewohner) haben jeden Kontakt zu den Einwohnern Argenti-

niens abgebrochen. Lan-Chile fliegt (für knapp 500 US-Dollar) samstags von Punta Arenas im chilenischen Feuerland (einmal im Monat auch mit Zwischenlandung im argentinischen Puerto Gallegos) die Inseln an, die sich größter Beliebtheit bei Ornithologen erfreuen. Hier nisten der gigantische Albatros und der elegante Königspinguin. Auskunft: *Stanley Services Ltd. | Port Stanley | Tel. 00500/226 22 | Fax 226 23 | www.visitorfalklands.com, www.falklandislands.com und www.falklands.gov.fk; Falkland Islands Tourist Board | Tel. 00500/222 15 | Fax 226 19*

PARQUE NACIONAL LOS GLACIARES/ GLACIAR PERITO MORENO [124 C4–5]

Den riesigen, bis vor wenigen Jahren noch im Wachstum begriffenen Kontinentalgletscher, den imposanten ★ Glaciar Perito Moreno (250 km lang, am See 4 km breit, mit 195 km² Fläche so groß wie die Stadt Buenos Aires) am Lago Argentino, besucht

> LOW BUDGET

> Die staatliche Fluglinie *Lade* (Tel. 011/51 29 90 00 | www.lade.com.ar) verbindet 24 patagonische Städte untereinander und mit Buenos Aires, Córdoba und Paraná zu Preisen, die zum Teil weit unter denen der privaten Konkurrenz liegen. Sie müssen aber zeitig reservieren!

> Die billigste Unterkunft im sonst recht teuren El Calafate bietet das Gästehaus *Lago Azul* (Perito Moreno 83 | Tel. 02902/49 14 19) in seinen zwei einfachen Zimmern. Und dazu erzählt Ihnen der greise Hausherr vielleicht vom blutig unterdrückten Landarbeiterstreik 1921, den er als Kind mit erlebte.

> Ana Saldía erlaubt auf Anfrage vor Ort Rucksack- und Fahrradreisenden, auf dem Hof des Landhotels *La Leona* (www.estanciasdesantacruz.com/La Leona/laleona.htm) an der RN 40 auf halbem Weg von El Calafate nach El Chaltén frei zu zelten.

...ONIEN UND FEUERLAND

Der Perito-Moreno-Gletscher ragt bis zu 60 m über die Wasserfläche des Lago Argentino hinaus

man am günstigsten von El Calafate aus, einem kleinen Ort, der mit einem modernen Flughafen und zahlreichen Hotels und Restaurants ausgestattet ist. Von dort aus werden Bustouren und Wanderungen auf dem Gletscherrücken sowie Bootsausflüge zu weiteren der mehr als 100 Gletscher im Nationalpark Los Glaciares angeboten.

Die Gletscherlandschaft entsteht aus einem enormen Eisfeld von 22 500 km^2. Das Westgefälle der Anden lässt das Eis in Gletscherform fließen, bis es in die großen Seen Viedma, Argentino und San Martín einschmilzt. Im Naturpark kann man in der ❄ *Hostería Los Notros (32 Zi. | Tel. 011/48 14 39 34 | Fax 48 15 76 45 | www.losnotros.com | €€€)* mit unvergleichlicher Sicht auf den Gletscher übernachten.

Überall in Patagonien haben Archäologen Felsmalereien gefunden, Jagdszenen, Guanakoherden, menschenähnliche Abbildungen und Handabdrücke. In den verhexten Höhlen *Punta Gualicho* bei Calafate sind die vermutlich kultischen Malereien, die 4000 v. Chr. entstanden sein sollen, besonders schön.

PARQUE NACIONAL DE TIERRA DEL FUEGO ❄ [124 C6]

Auf einer Gesamtfläche von 630 km^2 bietet Feuerlands Nationalpark neben Bergketten, ausgedehnten Hochmooren, Flüssen, tiefen Tälern und dichten Südbuchenwäldern auch felsige Meeresküste. Er ist besonders für Birdwatching geeignet: Hier treffen flugunfähige Dampferenten auf Wildgänse, Austernfischer, Albatrosse und Waldvögel wie den schwarzen Magellanspecht. Auch der Kondor lebt hier.

Gewaltige Biberdämme durchschneiden das Gebiet und lassen es langsam versumpfen. An den Moorseen wächst Sonnentau, im Schatten der Südbuchen blühen Orchideen. Ausgangspunkt für Exkursionen ist

Ushuaia (46 000 Ew.), die Hauptstadt Feuerlands. Erkundigen Sie sich nach Trekking oder Birdwatchingtouren. Ausflüge organisiert u. a. *Rumbo Sur (Av. San Martín 350 | Tel. 02901/42 11 39 | www.rumbosur.com.ar).*

PENÍNSULA VALDÉS ★ [125 D2]

Die quirlige Hafenstadt Puerto Madryn an der rauen patagonischen Küste ist das Tor zur Halbinsel Valdés *(Zugang 35 Pesos)* und ihrer faszinierenden Tierwelt. Über einen 35 km langen Landstreifen, den *Istmo Ameghino*, mit der Küste verbunden, teilt Valdés die Buchten Golfo San José und Golfo Nuevo. Die beiden Straßen Ruta 2 und 3 bilden einen Rundweg, der alle sehenswerten Punkte miteinander verbindet. Vom Aussichtsturm des Informationszentrums hat man einen Rundblick über das ganze Gebiet.

10 km südlich erreichen Sie die Bucht von *Puerto Pirámides.* Von Mai bis November starten hier Boote zur Bucht der Wale für 100 Pesos pro Person. Die Wale ruhen im Winter vor der hohen patagonischen Küste, die sie im relativ warmen Wasser vor dem Wind schützt. Die enormen Wassertiere paaren sich hier und stillen die Jungwale, bis sie zur weiten Reise in die Antarktis bereit sind.

In der *Caleta Valdés* im Osten des Naturreservats haben Pinguine Zuflucht gefunden. Im äußersten Norden, in *Punta Norte,* machen im Sommer die Orcas (Schwertwale) Jagd auf die Seelöwenjungen am Strand.

Auf der Südwestspitze, bei *Punta Delgada,* sonnen sich die Seeelefanten. Hier findet man eine der einsamen Landschaft angepasste Unterkunft im ehemaligen Postgebäude und Offizierskasino *Hotel Faro Punta Delgada (27 Zi. | Tel. 02965/45 84 44 | www.puntadelgada.com | €€–€€€).*

PUNTA TOMBO [125 D3]

110 km südlich von Trelew zieht sich diese Landzunge 3,5 km weit in den Atlantischen Ozean hinein und bietet

> VORSICHT BEIM SONNENBAD
Ozonloch und UV-Strahlung: Achtung im (Süd-)Frühling!

Jährliche Messungen zeigen, dass sich die Ozonschicht während der südlichen Frühlingsmonate September und Oktober regelmäßig verdünnt. Erst mit dem Einsetzen des Sommers füllt sie sich wieder auf – ein Phänomen, das in wechselnder Stärke Jahr für Jahr auftritt. Der Ozonschwund gibt vor allem deshalb Anlass zur Sorge, da er die Schutzschicht vor der direkten UV-Bestrahlung ausdünnt. Von der Abnahme des Ozons sind vor allem die Bewohner der südlichen Erdhalbkugel betroffen. Doch während man in Australien und Neuseeland täglich über die maximal mögliche Zeit informiert wird, die man in der Sonne verbringen darf, steht dieser Gesundheitsservice in Argentinien noch aus. Als Faustregel gilt, dass man im September und Oktober ausgiebiges Sonnenbaden vermeiden und sich während der Mittagszeit – vor allem in Patagonien – ganz in den Schatten oder in Gebäude zurückziehen sollte.

auf flachen Sandstränden ideale Brutbedingungen für Magellanpinguine. Hier befindet sich die größte Pinguinkolonie außerhalb der Antarktis mit mehreren Millionen Tieren.

VALLE DE LOS DINOSAURIOS [124 C1] *Insider Tipp*

Im Dinosauriertal in der Provinz Neuquén, einer der reichsten paläontologischen Fundstellen der Welt, geht es durch versteinerte Wälder, an den

Atlantik um Valdés: Kinderstube für Buckelwale und andere Meeressäuger

SAN CARLOS DE BARILOCHE [124 C2]

Ein Besuch in Bariloche (95 000 Ew.) führt Reisende in die „Argentinische Schweiz". 770 m über dem Meer, ist die Stadt von Seen und Bergen umgeben. Der See *Nahuel Huapi* mit einer Oberfläche von 550 km² bietet zahlreiche Möglichkeiten zum Angeln, Segeln sowie Wasserski- und Kajakfahren. Unter den Hotels sticht das ☆ *Llao Llao Hotel & Resort (201 Zi. | Av. Bustillo km 25 | Tel./Fax 02944/44 85 30 | www.llaollao. com | €€€)* wegen seiner günstigen Berglage hervor.

Fußstapfen der prähistorischen Tiere vorbei und durch die lokalen Museen. Dort sind u. a. das Skelett des 13 m großen Fleischfressers Gigantosaurus und die fossilen Knochen eines 40 m langen Argentinosaurus zu sehen. In *Plaza Huincul* befindet sich das *Dinosauriermuseum Carmen Funes (Mo–Fr 9–19.30, Sa/So 9–20 Uhr | Ruta 22/Ruta Provincial 17)*. Das lokale *Tourismusbüro (Tel. 0299/ 496 76 37)* am östlichen Stadteingang gibt Auskunft über Ausflüge zu den Fundstätten. *www.interpatagonia. com/paleontologia/hallazgos.html*

94 | 95

> WÜSTE, TROPEN, GLETSCHERSEEN

Drei Touren durch Argentiniens spektakuläre Natur

Die Touren sind auf dem hinteren Umschlag und im Reiseatlas grün markiert

1 DSCHUNGEL UND BERGWÜSTE IM NORDWESTEN

Eine Reise durch kontrastierende Landschaften, durch Dschungel und Bergwüsten, von San Miguel de Tucumán, der Metropole des Nordwestens, über die Weingegend im Süden der Provinz Salta und durch Kakteenwälder bis zur Provinzhauptstadt Salta, genannt „die Schöne". Insgesamt fast 900 km, zum Teil auf nicht asphaltierter Bergstraße, für die Sie sich mindestens fünf Tage Zeit nehmen sollten. Sie können den Mietwagen auch in Salta abgeben und sich so die rund 300 km lange Rückfahrt sparen.

In **San Miguel de Tucumán,** Hauptstadt der kleinsten und am dichtesten bevölkerten Provinz Argentiniens, kann man um die Plaza Independencia die Prachtbauten der Jahrhundertwende bewundern, als sich hier um die Zuckerindustrie ein reiches lokales Bürgertum bildete. Von der Plaza fahren

Bild: Reserva Natural Esteros del Iberá

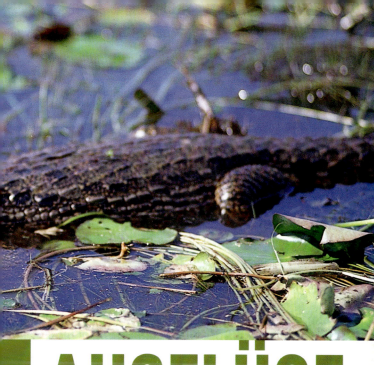

AUSFLÜGE & TOUREN

Sie ostwärts an vornehmen Villen vorbei langsam den Hang der Sierra de San Javier hinauf. Bei km 25 zweigen Sie links auf die Ruta Provincial 338 ab, um nach noch einmal 16 km **Villa Nougués** zu erreichen, wo die Zuckerbarone sich auf 1054 m Höhe vom feuchten Stadtklima erholten. Auf der Terrasse der **Hostería Pepe Terán** *(Tel. 0381/431 00 48 | €)* kann man die Landschaft bewundern, während man Forellen oder *empanadas* isst.

Fahren Sie die 338 weiter, jetzt geht es bergab in die Zuckerrohrplantagen. Bei der stillgelegten, herrschaftlichen Anlage in San Pablo biegen Sie südwärts ab auf die RP 301, um bei Famaillá die Bundesstraße 38 zu erreichen. Nur 10 km südlich, bei Acheral, kommen Sie auf die RP 307, die 59 km lang nach Tafí del Valle führt. Der Weg führt zum Teil über steile Abhänge, die in den Siebzigerjahren Kampfgebiet zwischen linker Guerilla und Heereskräften waren. Am Eingang des Tafitals befindet sich der **Parque de los Menhires,** wo rund 50 Monolithen der alten Tafikultur (4.–9. Jh.) zusammengebracht worden sind. 10 km weiter sind Sie in **Tafí del Valle,** wo Sie im **Hotel Mirador del Tafí** *(32 Zi. | km 61,2 | Tel./Fax 03867/42 12 19 | www.miradordeltafi.com.ar | €€)* übernachten können.

Weiter geht es über die Landstraßen 307 und 357 bis zur Bundesstraße 40, wo eine Abzweigung zu den **Ruinen** der befestigten Stadt der Quilmesindianer führt, die eine ausgeklügelte Bewässerungskultur auf Terrassen angelegt hatten. Nach 52 km, zum Teil nicht asphaltiert, erreichen Sie **Cafayate.** Hier wird der aromatische Weißwein Saltas produziert.

Insider Tipp: Das traditionsreiche Weingut **Bodegas Etchart** *(www.vinosetchart.com),* heute in Händen der französischen Gruppe Pernod-Ricard, ist einen Besuch wert. Die gegenwärtig vier Zimmer sollen demnächst zu einem mittelgroßen Hotel erweitert werden *(Ruta 40 km 1047 2 km südlich von Cafayate | Tel. 03868/42 10 07 | www.pernod-ricard.com.ar | €€€).* Von Cafayate geht es auf der Bundesstraße 40 nach **San Carlos** (22 km), einem Jesuitendorf aus dem 16. Jh., und ab da auf Schotter 136 km durch

Insider Tipp: **Mondlandschaften, von Kondoren überflogen,** bis **Cachi** *(S. 71),* wo Sie übernachten können. Eine idyllische Alternative am Berghang ein paar

Insider Tipp: Kilometer westwärts ist *Cachi Adentro,* wo Sie – nur mit Reservierung! – im **El Molino de Cachi Adentro** *(5 Zi. | Tel./Fax 03868/49 10 94 | www.bodegaelmolino.com.ar | €€–€€€),* einer Weizenmühle aus dem 17. Jh., Quartier finden.

Auf der Weiterfahrt nach Salta geht es auf der Landstraße 33 zunächst über eine Hochebene, auf der Sie mit ein wenig Glück Guanakos und Vikunjas zwischen den Kandelaberkakteen sehen werden. Auf 3260 m Höhe, wo ein enormer Mühlstein **(Piedra del Molino)** geheimnisvollen Ursprungs am Wegrand steht, beginnt die steile ☼ **Cuesta del Obispo,** eine Passstraße mit wunderbarer Aussicht, die 1200 m hinunter ins **Lermatal** führt. Wieder auf Asphalt, kommen Sie durch Tabakplantagen auf die Bundesstraße 68. Biegen Sie links in Richtung Norden ein, um die letzten 38 km bis **Salta** *(S. 69)* zurückzulegen.

Dort bieten sich Ihnen zwei Möglichkeiten, wenn Sie nicht auf demselben Weg nach San Miguel de Tucumán zurückfahren wollen: Entweder geben Sie Ihren Mietwagen in Salta ab (wobei Sie dann rund 70 Euro für die Rückführung zahlen müssen), oder Sie nehmen den kürzeren und gut asphaltierten Weg über die Bundesstraßen 9 und 34 (z. T. Autobahn).

2 IM TROPISCHEN SUMPFLAND DES NORDOSTENS

🚗 Eine Fahrt durch das Sumpfland der Esteros del Iberá in der Provinz Corrientes über die urwaldbedeckte Hochebene roter Erde in Misiones bis zu den Iguazúwasserfällen. In der abwechslungsreichen Landschaft zwischen den großen Flüssen Paraná und Uruguay werden Sie Fischotter, Wasservögel und Tukane sowie Affen und prächtige Schmet-

> www.marcopolo.de/argentinien

AUSFLÜGE & TOUREN

terlinge bewundern können. Die fruchtbare Erde hat zur Zeit der Conquista die Jesuitenpater in die Region geführt. Sie haben die ersten Yerba-Mate-Pflanzungen in autonom verwalteten Indianersiedlungen angebaut, deren Ruinen Sie besuchen. Anfang des 20. Jhs. siedelten sich zahlreiche europäische Immigranten vor allem aus Polen, Deutschland und Skandinavien in Misiones an, während in Corrientes eine stolze Gauchotradition aus dem Messerkampf einen Kult macht, aber gleichzeitig lustig den Chamamé tanzt und den Karneval groß feiert. Durch dieses Natur- und Kulturmosaik fahren Sie am besten mit einem Geländewagen. Für die nicht ganz 1000 km sollten Sie mindestens eine knappe Woche kalkulieren. Flughäfen und Leihwagen gibt es in Corrientes, Posadas und Puerto Iguazú.

Von Corrientes *(S. 82)* nehmen Sie die Bundesstraße 12 in Richtung Süden bis Cuatro Bocas. Von dort aus geht es weiter auf der Landstraße 27 am Paranáfluss entlang nach Goya *(S. 81)*. Von Goya fahren Sie wieder auf die Ruta 12 bis zur Kreuzung mit der Bundesstraße 123, auf der Sie ostwärts weitere 74 km bis Mercedes fahren. Hier beginnt der Weg in das riesige Sumpf- und Lagunengebiet der Reserva Natural del Iberá *(S. 80)*. Hinter Mercedes (unbedingt vorher tanken!) verlassen Sie die Asphaltstraße und zweigen auf die Landstraße 40 ab. Nach 118 km durch Reisfelder und Kuhweiden tauchen plötzlich Palmenwälder auf: Sie befinden sich am Parkeingang. Knapp 10 km weiter gelangen Sie nach Colonia Carlos Pellegrini mit guter Hotelinfrastruktur.

Auf Erdstraße führt die Ruta 40 (später Ruta 41) am Ostufer der

Pferdehirte in Corrientes: Wild-West-Feeling stellt sich ein in den Weiten von Pampa und Chaco

Sümpfe nordostwärts bis zur Bundesstraße 12, die über Asphalt nach weiteren 59 km nach Posadas *(S. 81)* führt.

Die letzte Strecke der Ruta 12 führt über knapp 300 km von Posadas bis Puerto Iguazú *(S. 83)* beim Dreiländereck Argentinien/Brasilien/Paraguay am gleichnamigen Naturpark mit den Wasserfällen *(S. 85)*. Auf dem Weg kommen Sie zu den Jesuitenreduktionen *(S. 82 und 87)* von Candelaria, Santa Ana, Loreto und San Ignacio Mini.

3 DIE PATAGONISCHEN SEEN

Auf der patagonischen Strecke von 1800 km an den Anden entlang reihen sich rund 40 Seen auf. Sie können sich auf die nordpatagonischen Seen beschränken, oder Sie wagen es, durch windige Wüstengegenden Nord- und Südpatagonien zu verbinden. Dann aber mit zwei Ersatzreifen und möglichst vollem Benzintank! Auch ein Scheibenschutz ist angesichts der Schotterstrecken zu empfehlen. Die Tour ist nur im Sommer durchführbar.

San Martín de los Andes liegt direkt am Lago Lácar, den man im Boot bis an die chilenische Grenze durchkreuzen kann. Von der Stadt aus führt der Camino de los Siete Lagos (Ruta 231, 190 km, davon 40 ohne Asphalt) nach San Carlos de Bariloche *(S. 95)*. Rund 60 km vor Bariloche, am Nahuel-Huapi-See, kommen Sie durch Villa La Angostura, von wo man auf die Halbinsel Quetrihue gelangt, auf der der einzigartige, aus 300 Jahre alten Bäumen bestehende Myrtenwald steht, der Bosque de los Arrayanes. Zum Myrtenwald und zur Insel Victoria führt auch ein Bootsausflug *(tgl. | 115 Pesos | Greenleaf Turismo | Tel. 02944/49 44 05 | www.bosquelosarrayanes.com.ar)*.

Von Bariloche aus geht es 131 km über die Bundesstraße 40 bis ▶▶ El Bolsón, seit den Sechzigerjahren Zu-

Warum die Cueva de las Manos „Händehöhle" heißt? Ein Blick genügt

AUSFLÜGE & TOUREN

flucht einer Hippiekolonie, und weiter über Epuyén auf die Landstraße 71, die Sie zu den wunderbaren Seen im Parque Nacional Los Alerces mit bis zu 3000 Jahre alten Lärchen führt.

In Esquel müssen Sie sich entscheiden, ob Sie endgültig von fast allen Zivilisationsspuren Abschied nehmen und sich in den tiefen Süden bis in die Gletscherregion hineinwagen möchten. Von Esquel sind es 562 km auf der Ruta 40 (110 km ohne Asphalt) bis zum enormen Lago Buenos Aires. An dessen Ufer können Sie in Los Antiguos (www.losantiguos.gov.ar) direkt an der chilenischen Grenze im Hotel Argentino *(19 Zi. | Av. 11 de Julio 850 | Tel. 02963/49 11 32 | €)* übernachten. Hier wachsen Kirschbäume in einem vorteilhaften Mikroklima.

Beim Ort Perito Moreno erreichen Sie wieder die Bundesstraße 40, die Sie immer weiter Richtung Süden fahren. Nach 120 km zweigt in Bajo Caracoles ostwärts die 45 km lange Zufahrt (Landstraße 97) zur Cueva de las Manos ab, einer faszinierenden Stätte der Höhlenmalerei. Auf dem Weg werden Sie sicherlich Guanakos (eine Lamaart), die allgegenwärtigen *maras* (Pampahasen) und *ñandúes* (amerikanische Straußenvögel) sichten. Wieder zurück auf der Bundesstraße 40, führt nach wenigen Kilometern die Landstraße 39 über 72 km zu den Seen Posadas (Übernachtung im hervorragend ausgestatteten Complejo Turístico Lagos del Furioso *| 13 Zi. | Reservierungen in Buenos Aires | Maipú 864, 3° A | Tel. 011/ 52 37 40 43 | www.lagosdelfurioso. com | €€€)* und Pueyrredón am Fuß der mächtigen, schneebedeckten Andenkordillere.

Es geht erneut zurück auf die Bundesstraße 40, bis Sie kurz vor Las Horquetas auf die Landstraße 37 wechseln, die über 90 km zum Nationalpark Perito Moreno führt (nicht verwechseln mit dem Gletscher Perito Moreno, der liegt noch weiter südlich!). Die Straße endet bei der Estancia La Oriental *(7 Zi. | Tel. 02962/ 45 21 96 | www.estanciasdesantacruz. com/LaOriental/laoriental.htm | €€€)*.

Anschließend geht es fast 500 km durch öde patagonische Wüste, deren hartes Gras Schafherden futtern. In Tres Lagos biegt die Ruta 40 scharf in den Westen, in die Region der beiden südlichsten Seen, Lago Viedma und Lago Argentino, der beiden enormen Eingangstore zum Parque Nacional Los Glaciares. 17 km nach Tres Lagos zweigt die Landstraße 23 ab, die am Nordufer des Lago Viedma entlang nach El Chaltén führt, dem Paradies der Trekker an der chilenischen Grenze am Fuß des Cerro Fitz Roy (S. 91).

Zurück auf die Ruta 40, sind es noch 128 km bis El Calafate, Ausgangsort zum weltberühmten Gletscher Perito Moreno, mit Flugverbindung nach Buenos Aires und Ushuaia. Empfehlenswert zur Übernachtung: Hostería Cauquenes de Nimez *(13 Zi. | Calle 303, Nr. 79 | Tel. 02902/ 49 23 06 | www.cauquenesdenimez. com.ar | €€)* am Seeufer.

Noch weiter südlich, etwa 380 km von El Calafate aus, kommt man über den Grenzübergang bei Cancha Carrera nach Chile in den wunderbaren Nationalpark Torres del Paine, in dem bizarre Bergformationen, Gletscher, Seen und Kaskaden sich zu einem unvergesslichen Landschaftsbild ineinanderfügen.

EIN TAG IN BUENOS AIRES
Action pur und einmalige Erlebnisse.
Gehen Sie auf Tour mit unserem Szene-Scout

SÜSSER KICKSTART — 8:30
Der Tag startet in *Mark's Deli & Coffee House*. Im entspannten Mix aus amerikanischem Diner und argentinischer Lebensfreude warten Muffins, Waffeln und frischer Kaffee. Wer es herzhafter mag: Die Sandwiches sollen die leckersten der Stadt sein. **WO?** *El Salvador 4701, Ecke Armenia, Palermo*

GEHEIMTOUR — 9:30
Jetzt wirds spannend! Mit den Guides von *Cicerones de Buenos Aires* die unentdeckten Ecken der Stadt erobern. Die ehrenamtlichen Führer des gemeinnützigen Programms präsentieren ihre ganz persönlichen Lieblingsplätze und gehen auf individuelle Wünsche ein. **WO?** Startort nach Wunsch | Anmeldung 7–10 Tage vorher unter cicerones@cicerones.org.ar oder Tel. 011/43 30 08 00 | Kosten: nur Fahrtkosten | www.cicerones.org.ar

LUNCH MIT BESTEN AUSSICHTEN — 12:30

Filetsteak vom Grill, *radicheta*-Salat und ein Glas Malbec, zum Nachtisch *flan casero*: Der grandiosen Menükarte des *El Barracas* merkt man an, dass das Lokal einst ein großer Proviantladen war. Auswählen und zuschlagen! Wer am Fenster sitzt, genießt doppelt: Auch der Blick auf den alten Bahnhof ist sehenswert. **WO?** *El Barracas, Villarino 2359* | Tel. 011/43 01 67 58 | www.elbarracas.com.ar

RADTOUR — 14:00
Ab durch die Mitte: Rad bei *Bike Tours* ausleihen, und schon geht es mit viel Fun durch die City, ihre Viertel und Parks! Vorbei an Hotspots wie Plaza de Mayo, San Telmo, La Boca und Puerto Madero in den Naturpark der Reserva Natural Costanera Sur. Wer will, kann sich auch ein Tandem ausleihen. **WO?** *Florida 868, 14. Stock, Büro H* | Tel. 011/43 11 51 99 | Kosten: 50 Pesos | www.biketours.com.ar

24 h

ENTSPANNUNG AUF DEM BOOT

16:00

Vom Bike aufs Boot, und los gehts durch die einmalige Landschaft des Paraná-Deltas. Ganz in Ruhe umsehen – und zuhören: Der Kapitän erklärt Besonderheiten der Pflanzen- und Tierwelt. Das Sahnehäubchen gegen Ende der Fahrt: der traumhafte Sonnenuntergang und die funkelnden Lichter von Buenos Aires. **WO?** *Vorher im Internet anmelden und Treffpunkt ausmachen | Kosten inkl. Transfer: 445 Pesos/2 Pers | Tel. 011/48 32 03 25 | http://whatsupbuenosaires.com/tourism*

21:00 ### SO SCHMECKT MENDOZA!

Hungrig geworden? Im *Pan y Teatro* warten *empanadas*, *humitas* (Maisrouladen) und andere Leckereien der Provinz Mendoza – und dazu natürlich der passende Wein. Einfach köstlich! **WO?** *Pan y Teatro, Las Casas 4095 | Tel. 011/49 24 69 20 | www.panyteatro.com.ar*

TANGO-LESSON

22:00

Jetzt wirds rhythmisch! Mit einer Tanzstunde in Schwung kommen, ab 23:30 dann zur *Milonga* im *La Catedral*, einer ehemaligen Mehlscheune. So groovt der moderne Tango! **WO?** *Sarmiento 4006, Klingel 5 | Kosten: 15 Pesos | Tel. 011/15 53 25 16 30 | www.tangodata.gov.ar*

1:00 ### CHILLOUT

Und noch ein Highlight zum Schluss! Nun geht es ab ins *Mundo Bizarro*. Hier gibt es nicht nur die besten Cocktails der Stadt, sondern auch die chilligste Stimmung. Also Drink auswählen, bestellen und an der Bar die Nacht ruhig ausklingen lassen. **WO?** *Serrano 1222 | Tel. 011/47 73 19 67 | www.mundobizarrobar.com*

> AB IN DIE PAMPA!

Reiter dürfen das ganz wörtlich nehmen,
für alle anderen sind vor allem Anden und Atlantik perfekte
Kulisse für naturnahe Aktivitäten aller Art

> **Die Vielfalt der argentinischen Landschaft ermöglicht eine ebensolche Vielfalt an sportlichen Aktivitäten in der Natur.** Vom Reiten, das sich in der Weite der Pampa fast als Lebensstil entwickelte, bis zum Bergsteigen in den Anden oder dem Fischen im Atlantik, in den subtropischen Flüssen des argentinischen Mesopotamien oder in den kalten Seen in Patagonien. Die Monatszeitschrift Tiempo de Aventura *(www.aventurasur.com)* bringt interessantes und zuverlässiges Material über sportliche Aktivitäten im ganzen Land.

■ ANGELN

In den zahlreichen Seen und Flüssen der patagonischen Anden werden Forellen und Lachse geangelt. Zum Beispiel in den ==nordpatagonischen Seen und Flüssen== um Aluminé, an deren Ufern die patagonische Araukarie wächst *(Achala Experience | Tel. 03541/42 05 75 | www.achalaex*

Bild: Reiter bei Chicoana in der Provinz Salta

SPORT & AKTIVITÄTEN

perience.com.ar | *250 US$ pro Tag und Person).* Von November bis Ende April werden fünftägige Exkursionen auf Schlauchbooten den Río Aluminé flussabwärts organisiert sowie Tagesausflüge auf den Seen Rucachoroi, Ñorquinco und Quillén. Vom Hafen in Mar del Plata legt das Fischerboot *Fortuna (Tel. 0223/ 480 93 72 | Turimar | Centro Comercial del Puerto | 40 Euro inkl. Angelgerät)* zum Lachsfang im Atlantik ab. Angelgerät kann gemietet werden. In Goya in der Provinz Corrientes starten mehrtägige Touren auf den Flussarmen des Paraná, um den kämpferischen *dorado* oder den bis zu 70 kg schweren *surubí* zu fischen *(Dorado Adventure | Tel. 03777/42 45 19 | www.doradoadventure.com.ar).*

■ BERGSTEIGEN ■

Neben den bekannten Bergsteigerzielen in Mendoza und Patagonien *(www.*

rupalnet.com) bietet Catamarca im Nordwesten eine eigenartige Landschaft, in der alle Farben der Erde aufleuchten. Hier können Sie ==mehrere Fünf- und Sechstausender== erklimmen. Auskunft und Kontakt: *Alta Catamarca (Tel./Fax 03833/ 43 03 33 | www.altacatamarca.com)* oder *Vertical Expeditions (Tel. 0261/ 452 63 48 | www.verticalexpeditions. com).*

Insider Tipp

■ FUSSBALL

In Argentinien wird auf praktisch jedem freien Platz Fußball gespielt. Freunde, aber auch zufällige Passanten treffen sich, manchmal auch nachts, auf mehr oder weniger improvisierten Plätzen in Parks und Sportclubs, am Strand oder zum Salonfußball in Sporthallen. Natürlich gehört zum Nationalsport auch der Besuch eines Fußballstadions. Fast alle bedeutenden Teams sind in Buenos Aires ansässig, jedes mit einem eigenen Stadion. Die beiden populärsten sind Boca Juniors, deren Stadion *La Bombonera („Bonbonschachtel" | 58 000 Plätze | Brandsen 805 | www.bocajuniors.com.ar)* gennant wird, und River Plate, in dessen Stadion *Monumental (70 000 Plätze | Av. Figueroa Alcorta 7597 | www.cariverplate.com.ar | Tickets über www.ticketek.com.ar)* das Endspiel der Weltmeisterschaft 1978 stattfand. Die besseren Eintrittskarten (ratsam, da abseits von den *barrabravas,* den lokalen Hooligans) kosten 50–140 Pesos.

■ LAUFEN

Anfang Oktober findet der Marathon von Buenos Aires statt *(Tel. 011/ 47 79 06 15 | www.maratondebuenos aires.com | Information in Deutschland: Reallatino Tours | Tel. 0341/ 604 49 55 | www.reallatino-tours.*

Atlantik und Río de la Plata bieten Seglern Platz und Herausforderungen

SPORT & AKTIVITÄTEN

com), aber fast jedes Wochenende (mit Ausnahme der heißesten Sommermonate Januar/Februar) werden auf den Straßen verschiedener Städte Laufwettbewerbe veranstaltet, die zumeist auch für Freizeitläufer ohne Rekordstreben offenstehen. In Berglandschaften wie in Mendoza und La Rioja werden Geländeläufe in verschiedenen Etappen organisiert, die Geschicklichkeit im Cross-Country-Laufen, im Mountainbiken, Reiten, Rafting und Trekking erfordern. Auskunt und Kontakt: *Club de Corredores | Av. Monroe 916 | Buenos Aires | Tel. 011/47 80 10 10 | www.clubdecorredores.com*

REITEN

Auf jeder dem Tourismus geöffneten *estancia* und in vielen Touren durch die Berge wird in Argentinien geritten. Sattel und Reitstil der Gauchos auf dem Land sind anders als beim Dressurreiten, das in den zahlreichen Reitclubs in Buenos Aires gelehrt wird (*Club Alemán de Equitación | Dorrego 4045 | Buenos Aires | Tel. 011/47 78 70 60 | www.cae-hipico.com. | 10 Euro/Std.*). In der Weite des Flachlands der Pampa wird der direkte Übergang vom Schritt zum Galopp ohne Traben bevorzugt, in einer lockeren Körperhaltung auf dem Sattel, die ein leichtes Abspringen ermöglicht, falls das Pferd stolpert.

SEGELFLIEGEN & BALLONFAHREN

Die Weite der argentinischen Pampa bietet ==gute Gelegenheiten zum Segelfliegen.== [Insider Tipp] In vielen kleinen Städten der Provinz Buenos Aires gibt es Fliegerclubs, die Gäste mitnehmen. Vom *Club de Planeadores* in Zárate *(Autobahn Panamericana km 87,5 | Tel. 011/15 60 52 26 01 | www.cpz.com.ar | Jungfernflug 100 Pesos)* starten die Ballons und die Segelflugzeuge des deutsch- und englischsprachigen Teams um den ehemaligen Segelflugweltmeister Rolf Hossinger.

SEGELN

Im Río de la Plata, breit wie ein Meer, aber im Allgemeinen ruhig wie ein See, sind am Wochenende große Scharen von Segelbooten unterwegs. Der lehmige, nur wenige Meter tiefe Grund erschwert aber die Navigation außerhalb der ausgebaggerten Kanäle. Auskunft und Kontakt: *Club Náutico San Isidro | Av. Mitre 1999 | San Isidro | Tel. 011/47 32 06 00 | www.cnsi.org.ar; Club Náutico Olivos | Puerto de Olivos | Tel. 011/47 99 87 88 | www.clubnautico-olivos.com.ar; Yacht Club Argentino | Viamonte/Río de la Plata, Dársena Norte | Buenos Aires | www.yca.org.ar; Federación Argentina de Yachting | www.fay.org*

TAUCHEN

Die Gewässer vor Puerto Madryn und um die Halbinsel Valdés gelten als das ==beste Tauchrevier der argentinischen Küste,== [Insider Tipp] geeignet sowohl für Experten als auch für unerfahrene Taucher. Zahlreiche Fische, manchmal auch Wale und Seelöwen, drei Schiffswracks und Algenwälder in 4–30 m Tiefe kennzeichnen die submarine Landschaft. Auskunft und Kontakt: *Scuba Duba | Boulevard Almirante Brown 853 | Puerto Madryn | Tel./Fax 02965/45 26 99 | www.scubaduba.com.ar*

> GROSSES LAND FÜR KLEINE

Im kinderfreundlichen Argentinien sind Kinder im Alltag wie selbstverständlich überall dabei

> Argentinier sind im Allgemeinen ausgesprochen kinderfreundlich. Kinder werden auf der Straße, in Geschäften oder in Bussen und Bahnen oft von unbekannten Erwachsenen mit Sympathie angesprochen. Mitteleuropäische Kinder schrecken manchmal zurück, wenn sie nach ihren Maßstäben zu vertraulich begrüßt, geküsst oder betätschelt werden. Es ist einfach, auf dem Spielplatz mit anderen Kindern eine spontane Freundschaft anzuknüpfen – für die Jungs ist das Fußballspiel auf jedem freien Platz der Anfang fast aller Beziehungen.

Kinder nehmen auch überall im Land am Leben teil, im Restaurant, auch bis spätabends, beim Einkaufen, in Ferienzentren und bei der Freizeitgestaltung. Oft sind sie auch bei der Arbeit der Eltern dabei, sei es in der Stadt im Familienladen oder auf dem Land zu Pferd als Kuhhirte.

Aber auch bei der in jüngster Zeit um sich greifenden Armut stehen leider die Kinder im Vordergrund: An vielen Straßenkreuzungen bitten sie um eine Münze, verkaufen Kleinigkeiten in der U-Bahn oder jonglieren den ganzen Tag mit ein paar Bällen vor den Autos, die an einer roten Ampel warten.

Auf Reisen nach und in Argentinien gibt es kaum Hindernisse für Kinder. In Buenos Aires kommt ein großes kulturelles Angebot für den Nachwuchs hinzu. Die Museen veranstalten manchmal Sonderausstellungen für Kinder.

Die Theatergruppen *La Arena* (*www.circoarena.com.ar*) und *Compañía Clun* (*www.clun.com.ar*) bringen in Buenos Aires Inszenierungen auf die Bühne, die sich mit Akrobatik und Komik gelungen über alle sprachlichen Barrieren hinwegsetzen.

■ BUENOS AIRES ■
MUSEO DE LOS NIÑOS [U B4]

Inside Tipp

Im „Museum der Kinder" im Shoppingzentrum Abasto dürfen die Kinder allerlei Berufe ausüben. *Di–So 13–20 Uhr | Eintritt 9 Pesos, Familienkarte 18 bzw. 27 Pesos | Corrientes/Agüero | www.museoabasto.org.ar*

> MIT KINDERN UNTERWEGS

MUSEO PARTICIPATIVO DE CIENCIAS DE LOS NIÑOS [U D2]
Im Centro Cultural Recoleta erklären Experimente die physikalischen Phänomene der Natur auf erlebnisreiche Weise. *Mitte März–Mitte Dez. Di–Fr 10–17, Sa/So 15.30–19.30, Mitte Dez.–Mitte März Di–So 15.30–19.30 Uhr | Eintritt 10 Pesos (Erw. und Kinder) | Junín 1930 | www.mpc.org.ar*

TEATRO SAN MARTÍN [U D4]
Das Theater besitzt auch ein festes Puppenspielerensemble, das erstklassige Inszenierungen bietet. *Corrientes 1530 | Tel. 011/43 71 01 11 | www.teatrosanmartin.com.ar*

■ DIE OSTKÜSTE ■

MUSEO DEL MAR IN MAR DEL PLATA [123 E6]
30 000 Meeresmuscheln und die Mehrzahl der argentinischen Meer- und Süßwasserfische in großen Aquarien. *Mitte Dez.–Mitte März tgl. 10–23.30, Mitte März–Mitte Dez. 10–18 Uhr | Eintritt 12 Pesos, Kinder 8 Pesos | Av. Colón 1114 | www.museodelmar.com*

■ PATAGONIEN ■

MUSEO PALEONTOLÓGICO EGIDIO FERUGLIO IN PUERTO MADRYN [125 D2]
Didaktisch hervorragende Ausstellung nicht nur für Dinofreunde – die letzten 300 Mio. Jahre der patagonischen Erdgeschichte in übersichtlichen Szenen mit einzigartigen Exponaten. *Sept.–März tgl. 9–20, April–Aug. Mo–Fr 10–18, Sa/So 10–20 Uhr | Eintritt 15 Pesos, Kinder 10 Pesos | Av. Fontana 140 | www.mef.org.ar*

ECOCENTRO MAR ARGENTINO IN PUERTO MADRYN [125 D2]
In einem attraktiven Bau mit weiter Sicht über die Küste ist das Singen der Wale und Delphine zu hören, und man kann sogar wie der biblische Jonas in den Körper eines Wals tauchen. *Jan./Feb. tgl. 17–21, März–Sept. Mi–Mo 15 bis 19, Okt.–Dez. tgl. 14.30–19.30 Uhr | Eintritt 21 Pesos, Kinder 11 Pesos | Julio Verne 3784 | www.ecocentro.org.ar*

> VON ANREISE BIS ZOLL

Urlaub von Anfang bis Ende: die wichtigsten Adressen und Informationen für Ihre Argentinienreise

ANREISE

Lufthansa fliegt fünfmal wöchentlich nonstop von Frankfurt nach Buenos Aires. Aerolíneas Argentinas verkehrt von Madrid nach Buenos Aires. Iberia fliegt mit Stopp in Madrid nach Buenos Aires. Am preiswertesten sind Charterflüge. Je nach Fluggesellschaft und Saison sollten Sie mit gut 800 bis ca. 1300 Euro rechnen. Die Flugzeit von Frankfurt beträgt 13–20 Stunden.

In Buenos Aires kommen Sie auf dem internationalen Flughafen *Ezeiza* 35 km außerhalb der Stadt an. Der Stadtflughafen *Aeroparque Jorge Newbery* liegt in entgegengesetzter Richtung 6 km nördlich vom Stadtzentrum entfernt. Bei Ankunft im Flughafen Ezeiza nur in der staatlichen Banco Nación Geld tauschen, die privaten Wechselstuben nehmen einen unerhörten Zuschlag! Von Ezeiza in die Innenstadt braucht ein Taxi etwa 35 Minuten. Mit dem privaten Busservice Manuel Tienda León oder den Taxiagenturen Vip Cars (in der Ankunftshalle) oder Apta und Yellow (vor der Ankunftshalle) fährt man sicher in die City (ca. 7 bzw. 20 Euro).

AUSKUNFT

Allgemeine Auskünfte und Broschüren erhalten Sie in größeren Reisebüros. Außerdem kann man sich an die

> WWW.MARCOPOLO.DE
Ihr Reise- und Freizeitportal im Internet!

> Aktuelle multimediale Informationen, Insider-Tipps und Angebote zu Zielen weltweit ... und für Ihre Stadt zu Hause!

> Interaktive Karten mit eingezeichneten Sehenswürdigkeiten, Hotels, Restaurants etc.

> Inspirierende Bilder, Videos, Reportagen

> Kostenloser 14-täglicher MARCO POLO Podcast: Hören Sie sich in ferne Länder und quirlige Metropolen!

> Gewinnspiele mit attraktiven Preisen

> Bewertungen, Tipps und Beiträge von Reisenden in der lebhaften MARCO POLO Community: *Jetzt mitmachen und kostenlos registrieren!*

> Praktische Services wie Routenplaner, Währungsrechner etc.

Abonnieren Sie den kostenlosen MARCO POLO Newsletter ... wir informieren Sie 14-täglich über Neuigkeiten auf marcopolo.de!

Reinklicken und wegträumen!
www.marcopolo.de

PRAKTISCHE HINWEISE

Arbeitsgemeinschaft Lateinamerika (An der Ruhbank 26, 61138 Niederdorfelden, Tel. 06101/98 77 12, Fax 98 77 14 | www.lateinamerika.org) oder an die *Argentinische Botschaft, Abteilung für Tourismus* (Kleiststr. 23–26 | 10787 Berlin | Tel. 030/226 68 90 | Fax 229 14 00 | www.argentinische-botschaft.de) wenden. Alle Provinzen Argentiniens unterhalten außerdem Informationsbüros in Buenos Aires.

■ AUTO & MIETWAGEN

Europäer benötigen in Argentinien einen internationalen Führerschein. Mietwagen sind in jeder größeren Stadt zu bekommen. Es empfiehlt sich, eine Vollkaskoversicherung abzuschließen. Ein Kleinwagen kostet etwa 35 Euro pro Tag inkl. Versicherung und 200 Freikilometern. Eine Buchung in Deutschland ist oft erheblich günstiger.

In Argentinien gilt Anschnallpflicht, die Promillegrenze liegt bei 0,5. Die Geschwindigkeitsbegrenzungen – in Ortschaften 40 bzw. 60, auf Landstraßen 80–110, auf Autobahnen bis 130 km/h – werden streng kontrolliert. Das Mitführen von Warndreieck und Feuerlöscher ist Pflicht – bei Mietwagen kontrollieren! Da die Vorfahrtsregeln oft nicht eingehalten werden, unbedingt Blickkontakt zu den anderen Verkehrsteilnehmern herstellen! Wer sich traut, fährt zuerst.

Tankstellen sind während der ganzen Woche von 7 bis 23 Uhr geöffnet, in größeren Städten und auf Autobahnen auch rund um die Uhr. Keine Selbstbedienung! In Patagonien und Feuerland wird das Benzin von der Regierung subventioniert

WÄHRUNGSRECHNER

€	Pesos	Pesos	€
1	4,72	10	2,12
2	9,44	20	4,24
3	14,16	30	6,35
4	18,88	40	8,47
5	23,61	50	10,59
6	28,33	60	12,71
7	33,05	70	14,83
8	37,77	80	16,95
9	42,49	90	19,06

und kostet rund 30 Prozent weniger als im Rest des Landes.

Beim argentinischen Automobilclub *ACA – Automóvil Club Argentino* (Buenos Aires | Av. del Libertador 1850 | Tel. 011/48 08 40 40 | www.aca.org.ar) kann man zuverlässige Straßenkarten erwerben und auch als Tourist Mitglied werden. Neben der international üblichen technischen Hilfeleistung des Clubs kann man so auch den Preisnachlass für Mitglieder in zahlreichen Hotels des Landes in Anspruch nehmen. Gute Straßenkarten bieten auch der Atlas de Rutas Firestone und die Guía YPF (im Buchhandel erhältlich).

BANKEN & GELD

Die argentinische Währung ist der Peso. Da Peso und Dollar gleich abgekürzt werden ($), sollten Sie stets prüfen, um welche Währung es sich handelt; allgemein wird aber in Pesos gehandelt. Es empfiehlt sich, erst in Argentinien Geld (am praktischsten: Dollar) zu wechseln. Im Süden des Landes ist das Preisniveau höher als in Buenos Aires.

Die Öffnungszeiten der Banken sind unterschiedlich. Am praktischsten sind die zahlreich vorhandenen Geldautomaten, von denen viele auch mit ec-Karte funktionieren. Probleme ergeben sich öfters beim Einlösen von Reiseschecks. Mit den gängigen Kreditkarten können Sie dagegen in vielen Restaurants, Hotels und Geschäften bezahlen und sich Bargeld von der Bank auszahlen lassen.

Ein großes Problem ist die starke Inflation. Wo in diesem Band Pesopreise angegeben sind, müssen Sie mit einem z. T. deutlichen Anstieg rechnen – was sich wiederum durch mögliche Abwertungen des Pesos gegenüber dem Euro relativieren kann.

CAMPING

Die schönsten Campingplätze findet man in den Nationalparks, zum Teil mit Dusch- und Kochgelegenheiten. Außerhalb der Städte ist auch wildes Zelten erlaubt. *www.voydecamping.com.ar*; *www.acampemos.com*

DIPLOMATISCHE VERTRETUNGEN

DEUTSCHE BOTSCHAFT
Villanueva 1055 | Buenos Aires | Tel. 011/47 78 25 00 | www.buenos-aires.diplo.de

ÖSTERREICHISCHE BOTSCHAFT
French 3671 | Buenos Aires | Tel. 011/48 07 91 85 | www.austria.org.ar

SCHWEIZER BOTSCHAFT
Av. Santa Fe 846 | 10. Stock | Buenos Aires | Tel. 011/43 11 64 91 | www.eda.admin.ch/buenosaires

EIN- & AUSREISE

Deutsche, Schweizer und Österreicher benötigen einen Reisepass, aber kein Visum, wenn die Aufenthaltsdauer 90 Tage nicht überschreitet. Man kann die Aufenthaltsdauer einmal um weitere 90 Tage verlängern. Bei der Ausreise muss am Flughafen Ezeiza eine Flughafensteuer von 18 US-Dollar gezahlt werden.

FOTOGRAFIEREN & FILMEN

In kleineren Orten sucht man vergebens nach Spezialfilmen und modernem Zubehör wie Speicherkarten und Ähnlichem. Decken Sie sich daher vor der Reise mit genügend Material ein!

GESUNDHEIT

Es sind keine besonderen Impfungen vorgeschrieben. In der Provinz Misiones hat es allerdings 2008 einige Gelbfieberfälle gegeben. Eine Gelbsuchtimpfung ist empfehlenswert, wenn Sie länger durch Chaco und Formosa reisen. Es gibt auch einzelne Fälle von Cholera in Jujuy und Salta. Ungewaschene Früchte sollten Sie nicht essen. Leitungswasser kann in den Städten ohne Bedenken getrunken werden, denn es enthält Chlor. Auf Campingplätzen das Wasser unbedingt vor Gebrauch abkochen oder Mineralwasser kaufen.

> *www.marcopolo.de/argentinien*

PRAKTISCHE HINWEISE

Alle Besucher werden grundsätzlich als Privatpatienten behandelt, daher ist der Abschluss einer privaten Reisekrankenversicherung unentbehrlich.

INLANDSFLÜGE

In einem Land, das rund achtmal so groß ist wie Deutschland, ist das Flugzeug das geeignetste Mittel, um im Land voranzukommen. Leider gibt es wenig Querverbindungen, das Flugnetz von Aerolíneas Argentinas, Austral Andes und LAN verbindet vor allem die Hauptstadt mit den Provinzhauptstädten und Tourismuszentren. Das Programm „Visite Argentina" („Besuchen Sie Argentinien", www.aerolineas.com.ar) von Aerolíneas Argentinas bietet die Möglichkeit, mehrere Inlandsflüge mit offenem Abflugtag zu buchen.

INTERNET

Die Website des Argentinischen Fremdenverkehrsamts erreichen Sie unter www.turismo.gov.ar. Ausführliche Tourismusinformation auch auf www.welcomeargentina.com. Eine gute Suchmaschine: www.clarin.com.ar. Ausführliche Informationen u. a. zur Geschichte und Landeskunde: www.surdelsur.com. Die Museen in Argentinien: www.museosargentinos.org.ar. Alles über Tango mit Veranstaltungskalender und Audiodateien: www.tangodata.gov.ar und www.todotango.com. Informationen zum Schicksal der Opfer der Militärdiktatur: www.derechos.org/nizkor/arg. Alles über argentinischen Wein: www.argentinewines.com. Buenos Aires: www.bue.gov.ar. Patagonien: www.patagoniaargentina.com. Kulturelle, historische und soziale Themen der argentinischen Hauptstadt: http://baires.elsur.org. Zwei US-amerikanische Journalisten über Buenos Aires: www.goodairs.com. Auch von einem Journalisten, aber über ganz Argentinien: www.theargentinepost.com. Rund 400 Fotos zu Buenos Aires: http://ohbuenosaires.com/blog

INTERNETCAFÉS & WLAN

Die Gebühren betragen in Buenos Aires ab 0,40 Euro pro Stunde, im Landesinneren ist es etwas teurer. In

WAS KOSTET WIE VIEL?

> **KAFFEE** 0,70 EURO
> für eine Tasse

> **IMBISS** 0,30 EURO
> für eine *empanada*

> **WEIN** 1,15 EURO
> für ein Glas (0,2 Liter)

> **INLANDSFLUG** 160 EURO
> für den Flug Buenos Aires–Puerto Iguazú und zurück

> **BENZIN** 0,55 EURO
> für einen Liter Super

> **BUS** 3 EURO
> für 100 km Überlandfahrt

fast jeder Telefonkabine *(locutorio)* gibt es auch Internetanschluss. Cybercafés mit allen Dienstleistungen und angenehmem Milieu sind seltener.

In Buenos Aires gibt es mehrere WLAN-Zonen („Wi-Fi"), u. a. in den Flughäfen, im Goethe-Institut *(Corrientes 319),* in den Fußballstadien von Boca Juniors und River Plate, in den Lokalen von Café Martínez, Café Aroma, The Coffee Store und McDonald's, in den „Cinemark"-Kinosälen, mehreren Restaurants und auf der Fußgängerstraße Florida auf der Höhe 100–700 sowie auf den Straßen Carlos Pellegrini 400 und Corrientes 900 (um den Obelisken). Die Petrobras- und YPF-Tankstellen bieten ebenfalls WLAN an. Auch in anderen Städten nehmen WLAN-Zonen zu, etwa auf den Flughäfen. In Mar del Plata steht auch an den größeren Stränden drahtloser Internetzugang frei zur Verfügung.

NOTRUF

Allgemeiner Notruf in Buenos Aires und demnächst auch in den meisten Provinzen ist *911*. Gleichzeitig gilt aber auch noch *101* für die Polizei, *107* für den Notarzt und *100* für die Feuerwehr.

ÖFFENTLICHE VERKEHRSMITTEL

Argentinien verfügt über ein ausgezeichnetes Busnetz. Für eine Strecke von etwa 300 km zahlt man ca. 10 Euro. Etwa das Anderthalbfache bis Doppelte kostet dieselbe Fahrt in Feuerland und Patagonien. Die argentinische Eisenbahn hat in den letzten Jahren einen großen Teil des einst dichten Streckennetzes aufgegeben. Reisen mit der Eisenbahn ist generell preiswerter als Busfahren.

ÖFFNUNGSZEITEN

Restaurants öffnen mittags meistens von 12.30 bis 16 Uhr und abends ungefähr von 20 bis 1 Uhr. Geschäfte sind meist von 10 bis 12.30 und 16 bis 20 oder 21 Uhr geöffnet. In Buenos Aires bleiben die meisten Geschäfte über Mittag geöffnet, schließen dafür aber bereits gegen 19 Uhr. Supermärkte und Shoppingcenter

WETTER IN BUENOS AIRES

	Jan.	Feb.	März	April	Mai	Juni	Juli	Aug.	Sept.	Okt.	Nov.	Dez.
Tagestemperaturen in °C	30	29	26	22	18	14	14	16	18	21	25	28
Nachttemperaturen in °C	17	17	16	12	9	5	6	6	8	10	14	16
Sonnenschein Std./Tag	10	9	8	7	6	5	5	6	6	7	9	9
Niederschlag Tage/Monat	5	5	6	6	4	4	5	6	5	7	7	7
Wassertemperaturen in °C	22	22	21	19	17	14	12	12	12	14	17	20

PRAKTISCHE HINWEISE

sind jedoch meist bis 22 Uhr geöffnet. Generell schwanken die Öffnungszeiten je nach Provinz zum Teil beträchtlich.

▪ POST

Postämter sind meist Mo bis Fr von 10 bis 18, Sa von 10 bis 13 Uhr geöffnet. Das Porto für eine Karte oder einen Brief bis 20 g nach Europa lag bei Redaktionsschluss bei 4 Pesos.
www.correoargentino.com.ar

▪ REISEZEIT

Die beste Reisezeit sind die südamerikanischen Sommermonate November bis März. In der Nebensaison sind viele Hotels und Restaurants in den touristischen Zentren geschlossen. Aber auch der Winter hat seine Reize mit interessanten Angeboten für Wintersport in den Bergen und einem vielfältigen Kulturangebot in Buenos Aires.

▪ SPRACHE

Das argentinische Spanisch weist leichte Abweichungen in Aussprache und Wortschatz zum europäischen Spanisch auf. Die meisten Argentinier sprechen nur wenig Englisch oder gar keine Fremdsprache.

▪ STROM

Netzspannung 220 Volt. Mitgebrachte Elektrogeräte brauchen teilweise einen Adapter. In Argentinien gibt es keine Schukostecker!

▪ TAXI

Taxifahren ist relativ billig. Am günstigsten ist es in Buenos Aires. Am sichersten sind die *radiotaxís*, die man auch per Telefon bestellen kann.

▪ TELEFON & HANDY

Ein Telefongespräch nach Europa kostet pro Minute ca. 0,40 Euro. In Buenos Aires operieren zwei Telefonunternehmen mit unterschiedlichen Telefonkarten, die aber in allen Telefonzellen verwendbar sind. Lokale Handys kann man bei verschiedenen Firmen in Buenos Aires mieten und so Roaminggebühren sparen.

Vorwahlen: Argentinien *0054*, Deutschland *0049*, Schweiz *0041*, Österreich *0043*. Alle Handynummern beginnen in Argentinien mit 15, wählt man sie aber vom Ausland an, muss man zwischen Landesvorwahl (0054) und Stadtvorwahl (die Handys sind an lokale Netze gebunden, für Buenos Aires z. B. 11) eine 9 wählen und die 15 weglassen.

▪ TRINKGELD

Trinkgeld ist vor allem in Restaurants üblich; Richtwert: fünf bis zehn Prozent. Auch Taxifahrer, Fremdenführer, Hotelpersonal und Friseure freuen sich über ein Trinkgeld.

▪ ZEIT

Die mitteleuropäische Zeit ist der Argentiniens im europäischen Winter um drei, während der Sommerzeit um fünf Stunden voraus. Im Oktober und im März beträgt der Unterschied ein oder zwei Wochen lang vier Stunden.

▪ ZOLL

Wertvolle Geräte sollten bei der Einreise angemeldet werden. Die Einfuhr von Pflanzen und frischen Lebensmitteln ist verboten. Freimengen bei Rückkehr in die EU u. a. 1 l Spirituosen, 500 g Kaffee, sonstige Waren bis zu einem Wert von 175 Euro.

> ¿HABLÁS CASTELLANO?

„Sprichst du Argentinisch?" Dieser Sprachführer hilft Ihnen, die wichtigsten Wörter und Sätze auf Argentinisch zu sagen

Aussprache

c	vor „e, i" stimmloses „s" wie in „City"
ch	stimmloses deutsches „tsch" wie in „tschüss"
g	vor „e, i" wie deutsches „ch" in „Bach"
gue, gui/que, qui	das „u" ist immer stumm, wie deutsches „g"/„k"
j	immer wie deutsches „ch" in „Echo"
ll, y	wie deutsches „sch" in „Asche"
ñ	wie „gn" in „Champagner"

■ AUF EINEN BLICK

Ja/Nein	Sí/No
Vielleicht	Quizás/Tal vez
Bitte/Danke	Por favor/Gracias
Gern geschehen.	No hay de qué./De nada.
Entschuldigung!	¡Perdón!/¡Disculpe!
Wie bitte?	¿Cómo dice/decís?
Ich verstehe Sie/dich nicht.	No le/te entiendo.
Ich spreche nur wenig Argentinisch.	Sólo hablo un poco de castellano.
Können Sie mir bitte helfen?	¿Puede usted ayudarme, por favor?
Guten Morgen!/Guten Tag!	¡Buen día!/¡Buenos días!/
Guten Abend!	¡Buenas tardes!/¡Buenas noches!
Hallo! Grüß dich!	¡Hola! ¿Qué tal?
Wie ist Ihr/dein Name?	¿Cuál es su/tu nombre?
Ich heiße …	Me llamo …
Ich komme aus …	Vengo de …
… Deutschland.	… Alemania.
… Österreich.	… Austria.
… der Schweiz.	… Suiza.
Auf Wiedersehen!/Tschüss!	¡Adiós!/¡Chau!/¡Adiós!/¡Hasta luego!
Hilfe!	¡Ayuda!/¡Socorro!
Achtung!	¡Atención!/¡Cuidado!
Rufen Sie bitte …	Por favor, llame …
… einen Krankenwagen.	… una ambulancia.
… die Polizei.	… la policía.

■ UNTERWEGS

Bitte, wo ist …	Perdón, ¿dónde está …
… der Bahnhof?	… la estación (de trenes)?

> *www.marcopolo.de/argentinien*

SPRACHFÜHRER ARGENTINISCH

… der Flughafen?	… el aeropuerto?
… die Haltestelle?	… la parada (de colectivos)?
… der Taxistand?	… la parada de taxis?
Bus/Fähre/Zug	ómnibus/ferry/tren
Wo kann ich einen Fahrschein kaufen?	¿Dónde puedo comprar un boleto/billete/pasaje?
Entschuldigung, wie komme ich nach …?	Disculpe, ¿cómo llego a …?
Gehen Sie geradeaus bis …	Vaya derecho hasta …
Gehen Sie nach links/rechts.	Doble hacia la izquierda/derecha.
Erste/Zweite Straße	La primera/segunda calle
links/rechts.	a la izquierda/derecha.
nah/weit	cerca/lejos
Überqueren Sie …	Cruce …
… die Brücke.	… el puente.
… den Platz.	… la plaza.
… die Straße.	… la calle.
Ich möchte … mieten.	Deseo alquilar …
… ein Auto …	… un auto.
… ein Fahrrad …	… una bicicleta.
… ein Boot …	… un bote.
offen/geschlossen	abierto/cerrado
drücken/ziehen	empuje/tire
Eingang/Ausgang	entrada/salida
Wo sind bitte die Toiletten?	¿Podría decirme dónde están los baños, por favor?
Damen/Herren	damas/caballeros

■ SEHENSWERTES

Wann ist das Museum geöffnet?	¿En qué horario abre el museo?
Wann beginnt die Führung?	¿Cuándo comienza la visita guiada?
Altstadt	ciudad vieja
Ausstellung	exposición
Ermäßigung	descuento
Gottesdienst	misa
Kirche	iglesia
Palast	palacio
Platz	plaza
Rathaus	intendencia/alcaldía
Ruine	ruina

Stadtplan	plano de la ciudad
Stadtzentrum	centro de la ciudad

DATUM- & ZEITANGABEN

Montag	lunes
Dienstag	martes
Mittwoch	miércoles
Donnerstag	jueves
Freitag	viernes
Samstag	sábado
Sonntag	domingo
heute/morgen	hoy/mañana
täglich	diariamente
Wie viel Uhr ist es?	¿Qué hora es?
Es ist 3 Uhr.	Son las tres.
Es ist halb 3.	Son las dos y media.
Es ist Viertel vor 3.	Son las tres menos cuarto.
Es ist Viertel nach 3.	Son las tres y cuarto.

ESSEN & TRINKEN

Die Speisekarte, bitte.	La carta, por favor.
Ich nehme …	Voy a pedir …
Bitte ein Glas …	Un vaso de …, por favor.
Besteck	cubiertos
Messer/Gabel/Löffel	cuchillo/tenedor/cuchara
Vorspeise/Nachspeise	entrada/postre
Hauptgericht	plato principal
Salz/Pfeffer	sal/pimienta
scharf	picante
Ich bin Vegetarier/in.	Soy vegetariano/a.
Trinkgeld	propina
Die Rechnung, bitte.	La cuenta/adición, por favor.

EINKAUFEN

Wo finde ich …	Por favor, ¿dónde hay …
… eine Apotheke?	… una farmacia?
… eine Bäckerei?	… una panadería?
… ein Kaufhaus?	… un shopping?
… ein Lebensmittelgeschäft?	… un almacén?
… einen Markt?	… un mercado?
Haben Sie …?	¿Tienen ustedes … ?
Ich möchte …	Deseo/Quiero …
Ein Stück hiervon, bitte.	Un trozo de esto, por favor.
Eine Einkaufstüte, bitte.	Una bolsita, por favor.

> *www.marcopolo.de/argentinien*

SPRACHFÜHRER

Das gefällt mir (nicht).	Esto (no) me gusta.
Wie viel kostet es?	¿Cuánto cuesta?
Nehmen Sie Kreditkarten?	¿Aceptan tarjetas de crédito?

ÜBERNACHTEN

Haben Sie noch Zimmer frei?	¿Dispone de una habitación libre?
ein Einzelzimmer	una habitación individual
ein Doppelzimmer	una habitación doble
mit Dusche/Bad	con ducha/baño
Was kostet das Zimmer?	¿Cuánto cuesta una habitación?

PRAKTISCHE INFORMATIONEN

Können Sie mir einen Arzt empfehlen?	¿Podría recomendarme un médico?
Ich habe hier Schmerzen.	Me duele aquí.
Ich habe Durchfall.	Tengo diarrea.
Kinderarzt/Zahnarzt	pediatra/dentista
Eine Briefmarke, bitte.	Una estampilla, por favor.
Postkarte	tarjeta postal
Wo ist bitte …	¿Dónde se encuentra … más cercano, por favor?
… die nächste Bank?	… el banco …
… der nächste Geldautomat?	… el cajero automático …

ZAHLEN

0	cero	19	diecinueve
1	un, uno, una	20	veinte
2	dos	21	veintiuno, -a, veintiún
3	tres		
4	cuatro	22	veintidós
5	cinco	30	treinta
6	seis	40	cuarenta
7	siete	50	cincuenta
8	ocho	60	sesenta
9	nueve	70	setenta
10	diez	80	ochenta
11	once	90	noventa
12	doce	100	cien, ciento
13	trece	200	doscientos, -as
14	catorce	1000	mil
15	quince	2000	dos mil
16	dieciséis	10000	diez mil
17	diecisiete	1/2	medio
18	dieciocho	1/4	un cuarto

Landschaft bei Cachi in der Provinz Salta

> UNTERWEGS IN ARGENTINIEN

Die Seiteneinteilung für den Reiseatlas finden Sie auf dem hinteren Umschlag dieses Reiseführers

REISE ATLAS

121

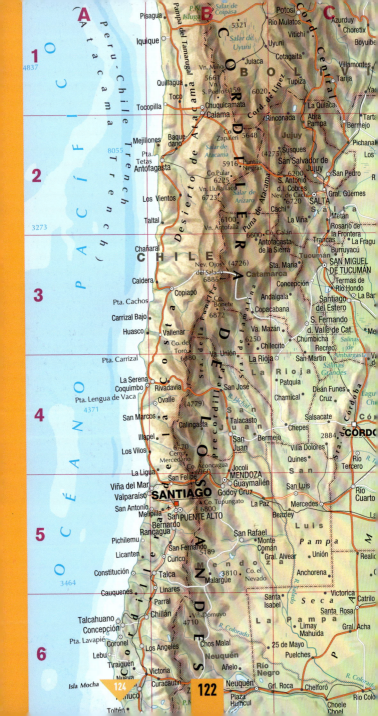

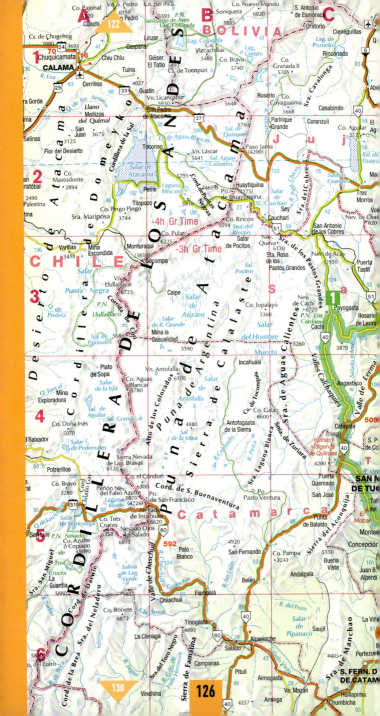

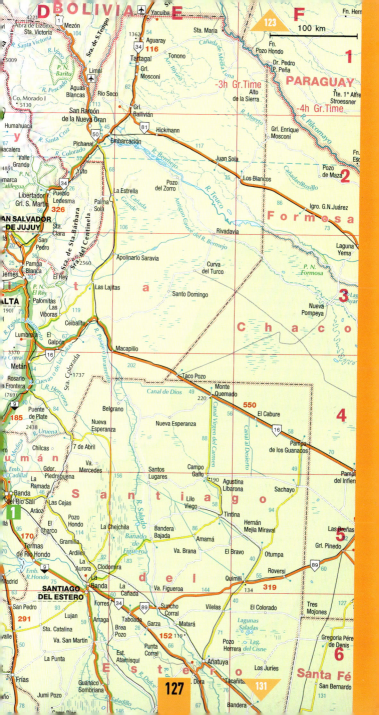

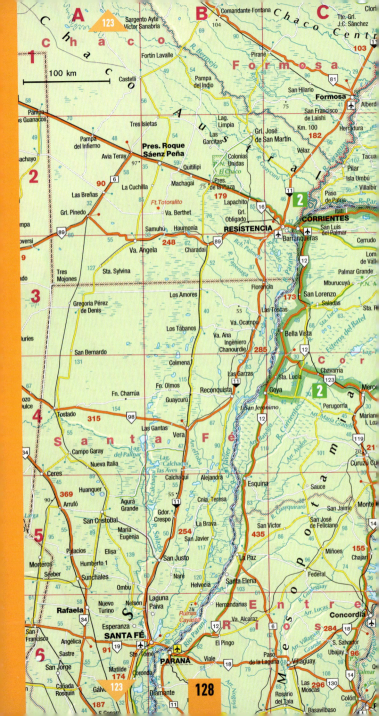

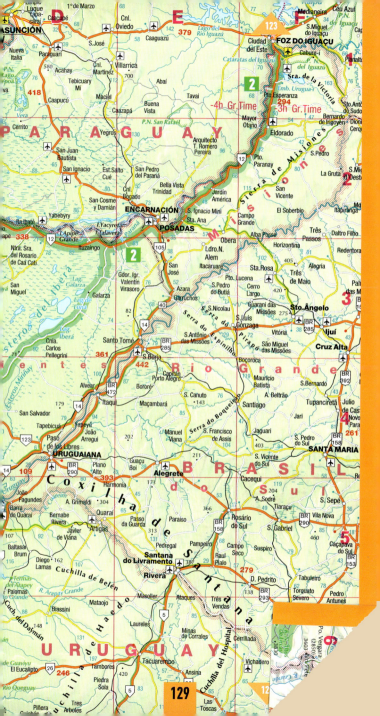

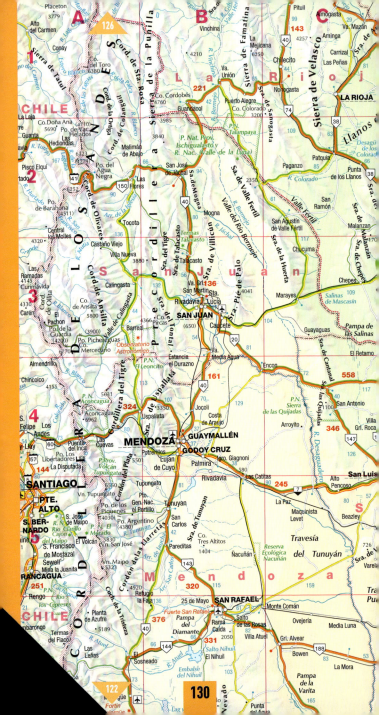

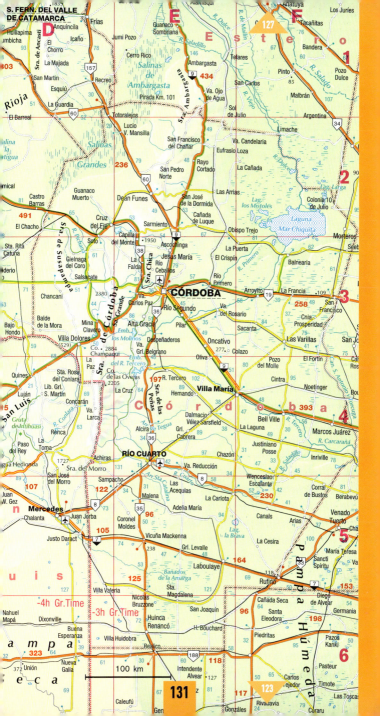

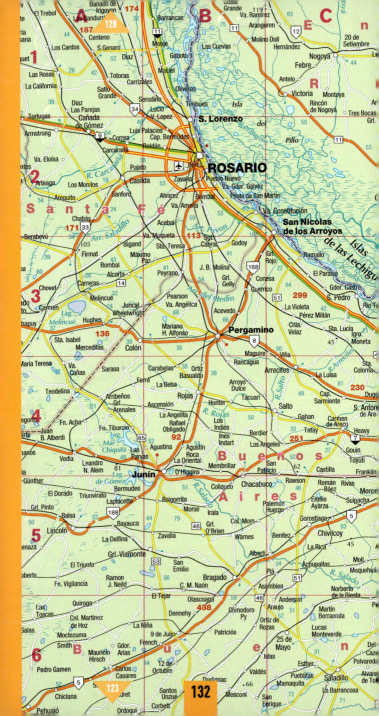

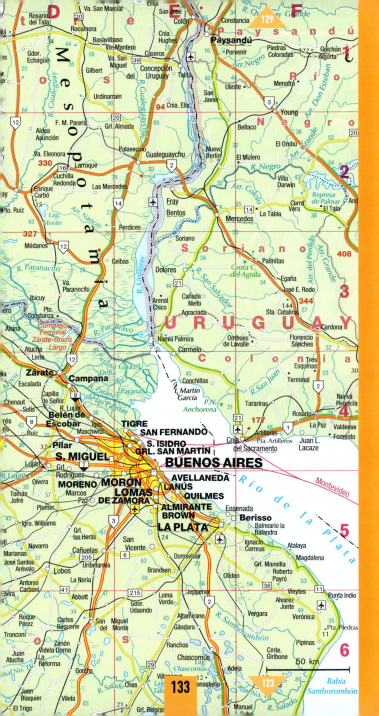

Rodins „Denker" auf der Plaza del Congreso in Buenos Aires

REGISTER

Im Register sind alle in diesem Reiseführer erwähnten Orte und Ausflugsziele verzeichnet. Halbfette Seitenzahlen verweisen auf den Haupteintrag, kursive auf ein Foto.

Aconcagua 8, 60, 65, **66**, *67*
Aluminé **91**, 104
Andenüberquerung 66f.
Antiguos, Los 101
Antofagasta de la Sierra 73
Argentinische Schweiz 95
Bahía Samborombón 52, 58
Bariloche 66, **95**, 100
Barranca de los Lobos 57
Bolsón, El 100f.
Bosque de los Arrayanes 100
Bosques Petrificados 90, **91**, 95
Buenos Aires 7, 8, 9, 10, 11, 12ff., 18, 19, 21, *22/23*, *24/25*, 28, **30ff.**, 69, 83, 85, 86, 92, 101, 102f., 106, 107, 108f., 110, 113f., 115, 139, 140
Cabo de Hornos 90, **91**
Cacheuta 68
Cachi 22, **71f.**, 98
Cachi Adentro 98
Cafayate 98
Calafate, El 13, 92, 93, 101
Caleta Valdés 94
Camino de los Siete Lagos 100
Cañada Seca 69
Candelaria 83, 100
Carilò 54, **57f.**
Catamarca 23
Cataratas del Iguazú *4*, 7, 8, *76/77*, 78, 83, **85ff.**, 100
Caucete 23
Cerro Champaquí 64
Cerro Fitz Roy *6/7*, 22, *88/89*, **91**, 101
Cerro Frías 13
Chaltén, El 22, 91, 101, 140
Champaquí 64
Ciudad del Este (Paraguay) 84
Colón 79f.
Colonia Carlos Pellegrini 80, 99
Comodoro Rivadavia 91
Cordillera Piuquenes 67
Córdoba 7, **62ff.**, 92
Corrientes 22, 77, **82**, 99
Cosquín 22, 62
Cristo Redentor 66
Cuchi Corral 14
Cuesta del Obispo 98
Cueva de las Manos *100*, 101
El Bolsón 100f.
El Calafate 13, 92, 93, 101
El Chaltén 22, 91, 101, 140
El Palmar 79f.
El Rey 72f.
Esquel 101
Esquina 81

Estancia de Caroya 65
Estancia El Puesto 67
Estancia Juan Gerónimo 59
Estancia Los Talas 50
Estancia Santa Catalina 65
Estancia Villa María 50
Esteros del Iberá 80f., *96/97*, **98f.**
Falklandinseln 91f.
Faro Querandí 58
Faro San Antonio 59
Feuerland 93f.
Fitz Roy *6/7*, 22, *88/89*, **91**, 101
Foz do Iguaçu (Brasilien) 83, 85, **87**
Glaciar Perito Moreno **92f.**, 101
Godoy Cruz 66, 69
Golfo Nuevo 94
Golfo San José 89, 94
Goya **81**, 99, 105
Guaymallén 66
Halbinsel Valdés 89, **94**, 107
Huacalera 75
Humahuaca 28, *74*, **75**
Iberá 80f.
Iguazú *4*, 7, 8, *76/77*, 78, 83, **85ff.**, 100
Iruya 69
Ischigualasto 60, **68f.**
Isla de los Estados 91
Islas Malvinas 91f.
Istmo Ameghino 94
Itaipú 84
Itatí 80f.
Jesuitenreduktionen 29, 81, **82f.**, 87, 99, 100
Jesús María 64
Jujuy *16/17*, 22, 28, **73f.**
Kap Hoorn 90, **91**
Lago Argentino **92f.**, 101
Lago Buenos Aires 101
Lago Horcones 66
Lago Lácar 100
Lago Nahuel Huapi 95, 100
Lago Ñorquinco 105
Lago Posadas 101
Lago Pueyrredón 101
Lago Pulmari 91
Lago Quillén 105
Lago Rucachoroi 105
Lago Viedma 101
La Plata 50f.
Lermatal 98
Loreto 83, 100
Los Alerces 101
Los Antiguos 101
Los Cardones 72
Los Glaciares *6/7*, 22, **92f.**, 101

Los Penitentes 68
Maipú 65
Malvinas 91f.
Mar Chiquita 62
Mar del Plata 22, 23, *54*, **55ff.**, 105, 109, 114
Mendoza 7, 8, 22, 23, **65f.**
Merlo 14
Mesón San Juan 67
Molinos 72
Paraná **78f.**, 85, 92
Paraná de las Palmas 51
Parque de los Menhires *11*, 98
Parque Nacional .... s. unter dem Namen des Parks
Parque Talampaya 69
Península Valdés 89, **94**, 107
Perito-Moreno-Gletscher **92f.**, 101
Perito-Moreno-Nationalpark 101
Piedra del Molino 98
Pinamar 53f., 56, **57**
Plaza Huincul 95
Posadas **81f.**, 85, 99, 100
Puente del Inca 66, **67**
Puerto Canoas 85
Puerto Iguazú 76, **83ff.**, 99, 100, 113
Puerto Madryn 94, 107, 109
Puerto Pirámides 94
Pulmarisee 91
Punta Delgada 89, **94**
Punta Gualichu 93
Punta Norte 94
Punta Rasa 52f., 58, **59**
Punta Tombo 94f.
Purmamarca 28, **75**
Quebrada de Humahuaca 60f., 69, **74f.**
Querandí-Leuchtturm 58
Quetrihue 100
Quilmes-Ruinen 98
Recta Tin Tin 72
Reserva Campos del Tuyú 52
Reserva Natural del Iberá 80f., *96/97*, **98f.**
Reserva Provincial Ischigualasto 60, **68f.**
Reserva Punta Rasa 59
Río Aluminé 105
Salta 7, 22, 23, 28, **69ff.**, 96, 98
San Agustín del Valle Fértil 69
San Antonio de Areco 38, *50*, 51
San Antonio de los Cobres 73
San-Antonio-Leuchtturm 59
San Carlos (Salta) 22, 98
San Carlos de Bariloche 66, **95**, 100
San Clemente del Tuyú 53, **58f.**

> **www.marcopolo.de/argentinien**

IMPRESSUM

San Ignacio Mini **83**, 87, 100
San Juan 23
San Martín de los Andes 100
San Miguel de Tucumán 69, 96
San Salvador de Jujuy *16/17*, 22, 28, **73f.**
Santa Ana 83, 100
Tafí del Valle 97f.
Talampaya 69
Tandil 75
Tierra del Fuego 93f.
Tigre 51
Tilcara 75
Torres del Paine 101
Tren a las Nubes 8f., **73**
Tucumán 69, 96
Tumbaya 75
Tupungato 67
Uquía 75
Ushuaia 8, 23, 91, 94, 101
Uspallata 67f.
Valle de la Luna 60, **68f.**
Valle de Lerma 98
Valle de los Dinosaurios 95
Valle La Anita 13
Valles Calchaquíes 13, **71f.**
Villa Berna 65
Villa Carlos Paz 62
Villa General Belgrano *22*, 23, 64, **65**
Villa Gesell 54, 56, **57f.**
Villa María 62
Villa Nougués 97
Wanda 87
Yerutí 80
Zárate 107

> SCHREIBEN SIE UNS!

Liebe Leserin, lieber Leser,

wir setzen alles daran, Ihnen möglichst aktuelle Informationen mit auf die Reise zu geben. Dennoch schleichen sich manchmal Fehler ein – trotz gründlicher Recherche unserer Autoren/innen. Sie haben sicherlich Verständnis, dass der Verlag dafür keine Haftung übernehmen kann.

Wir freuen uns aber, wenn Sie uns schreiben.

Senden Sie Ihre Post an die MARCO POLO Redaktion, MAIRDUMONT, Postfach 31 51, 73751 Ostfildern.
info@marcopolo.de

IMPRESSUM

Titelbild: Tango-Tänzer (Getty Images/Stone: Cavalli)
Fotos: AXEL HOTELS: Marcelo Tarsitano (15 o.); Bangert (2 r., 74); Bike Tours: Carlos Warren (102 u. r.); Daleduro: Eduardo Laforgia (15 M.); EOLO (13 u.); © fotolia.com: Tim Porter (103 u. r.); J. Garff (139), Marimar Garff (12 o.); Getty Images/Stone: Cavalli (1); HB Verlag: González (2 l., 58, 82); Huber: Bernhart (24/25, 104/105), Damm (6/7, 76/77, 92/93); © iStockphoto.com: Swietlana Diakowa-Czub (102 M. r.), Elena Korenbaum (103 M. l.), naphtalina (102 o. l.), Armando Tura (14 o.); V. Janicke (3 l., 28/29, 40); R. Jung (60/61, 67, 88/89, 120/121); DEBORA LACHTER Y ASOCIADOS (102 M. l.); Laif: Back (26, 39), González (16/17, 22, 28, 49, 50, 52/53, 54, 62, 73, 87, 96/97, 99, 108/109), Harscher (29), Heeb (8/9, 27), Heidorn (106), Knechtel (43), Kristensen (30/31, 37, 46/47), Zanettini (32); La Terra Magica: Lenz (34, 95, 108); LINDO KILLER: Flavia Da Rin, Luis Teran (12 u.); Look: Martini (18), Richter (80); Mauritius images/AGE (22/23); Mauritius images/imagebroker (41); Oswaldpress: de Vrée (109); Pan y Teatro: Lucas Marín (103 M. r.); Rodolfo Ruiz (13 o.); Schapowalow: Fotografico (3 M.), Goldin (23); Aida Sirinian: Gaby Messina (14 u.); H. Stadler (U. l., U. M., U. r., 3 r., 4 l., 4 r., 5, 11, 21, 45, 57, 68, 71, 72, 78, 90, 100, 135); Vision 21 (64, 84); Whats Up Buenos Aires: Grant C. Dull (103 o. l.), Pedro Quintans (15 u.)

9., aktualisierte Auflage 2009
© MAIRDUMONT GmbH & Co. KG, Ostfildern
Verlegerin: Stephanie Mair-Huydts; Chefredaktion: Michaela Lienemann, Marion Zorn
Autorin: Monika Schillat; Bearbeitung: Juan Garff; Redaktion: Nikolai Michaelis
Programmbetreuung: Cornelia Bernhart, Jens Bey; Bildredaktion: Gabriele Forst
Szene/24h: wunder media, München; Kartografie Reiseatlas: © MAIRDUMONT, Ostfildern
Innengestaltung: Zum goldenen Hirschen, Hamburg; Titel/S. 1–3: Factor Product, München
Sprachführer: in Zusammenarbeit mit Ernst Klett Sprachen GmbH, Stuttgart, Redaktion PONS Wörterbücher
Das Werk einschließlich aller seiner Teile ist urheberrechtlich geschützt. Jede urheberrechtsrelevante Verwertung ist ohne Zustimmung des Verlages unzulässig und strafbar. Das gilt insbesondere für Vervielfältigungen, Übersetzungen, Nachahmungen, Mikroverfilmungen und die Einspeicherung und Verarbeitung in elektronischen Systemen.
Printed in Germany. Gedruckt auf 100% chlorfrei gebleichtem Papier

FÜR IHRE NÄCHSTE REISE

gibt es folgende MARCO POLO Titel:

DEUTSCHLAND
Allgäu
Amrum/Föhr
Bayerischer Wald
Berlin
Bodensee
Chiemgau/Berchtesgadener Land
Dresden/Sächsische Schweiz
Düsseldorf
Eifel
Erzgebirge/Vogtland
Franken
Frankfurt
Hamburg
Harz
Heidelberg
Köln
Lausitz/Spreewald/Zittauer Gebirge
Leipzig
Lüneburger Heide/Wendland
Mark Brandenburg
Mecklenburgische Seenplatte
Mosel
München
Nordseeküste Schleswig-Holstein
Oberbayern
Ostfriesische Inseln
Ostfriesland/Nordseeküste Niedersachsen/Helgoland
Ostseeküste Mecklenburg-Vorpommern
Ostseeküste Schleswig-Holstein
Pfalz
Potsdam
Rheingau/Wiesbaden
Rügen/Hiddensee/Stralsund
Ruhrgebiet
Schwäbische Alb
Schwarzwald
Stuttgart
Sylt
Thüringen
Usedom
Weimar

ÖSTERREICH | SCHWEIZ
Berner Oberland/Bern
Kärnten
Österreich
Salzburger Land
Schweiz
Tessin
Tirol
Wien
Zürich

FRANKREICH
Bretagne
Burgund
Côte d'Azur/Monaco
Elsass
Frankreich
Französische Atlantikküste
Korsika
Languedoc-Roussillon
Loire-Tal
Normandie
Paris
Provence

ITALIEN | MALTA
Apulien
Capri
Dolomiten
Elba/Toskanischer Archipel
Emilia-Romagna
Florenz
Gardasee
Golf von Neapel
Ischia
Italien
Italienische Adria
Italien Nord
Italien Süd
Kalabrien
Ligurien/Cinque Terre
Mailand/Lombardei
Malta/Gozo
Oberital. Seen
Piemont/Turin
Rom
Sardinien
Sizilien/Liparische Inseln
Südtirol
Toskana
Umbrien
Venedig
Venetien/Friaul

SPANIEN | PORTUGAL
Algarve
Andalusien
Barcelona
Baskenland/Bilbao
Costa Blanca
Costa Brava
Costa del Sol/Granada
Fuerteventura
Gran Canaria
Ibiza/Formentera
Jakobsweg/Spanien
La Gomera/El Hierro
Lanzarote
La Palma
Lissabon
Madeira
Madrid
Mallorca
Menorca
Portugal
Spanien
Teneriffa

NORDEUROPA
Bornholm
Dänemark
Finnland
Island
Kopenhagen
Norwegen
Schweden
Südschweden/Stockholm

WESTEUROPA | BENELUX
Amsterdam
Brüssel
Dublin
England
Flandern
Irland
Kanalinseln
London
Luxemburg
Niederlande
Niederländische Küste
Schottland
Südengland

OSTEUROPA
Baltikum
Budapest
Estland
Kaliningrader Gebiet
Lettland
Litauen/Kurische Nehrung
Masurische Seen
Moskau
Plattensee
Polen
Polnische Ostseeküste/Danzig
Prag
Riesengebirge
Russland
Slowakei
St. Petersburg
Tschechien
Ungarn
Warschau

SÜDOSTEUROPA
Bulgarien
Bulgarische Schwarzmeerküste
Kroatische Küste/Dalmatien
Kroatische Küste/Istrien/Kvarner
Montenegro
Rumänien
Slowenien

GRIECHENLAND | TÜRKEI | ZYPERN
Athen
Chalkidiki
Griechenland Festland
Griechische Inseln/Ägäis
Istanbul
Korfu
Kos
Kreta
Peloponnes
Rhodos
Samos
Santorin
Türkei
Türkische Südküste
Türkische Westküste
Zakinthos
Zypern

NORDAMERIKA
Alaska
Chicago und die Großen Seen
Florida
Hawaii
Kalifornien
Kanada
Kanada Ost
Kanada West
Las Vegas
Los Angeles
New York
San Francisco
USA
USA Neuengland/Long Island
USA Ost
USA Südstaaten/New Orleans
USA Südwest
USA West
Washington D.C.

MITTEL- UND SÜDAMERIKA
Argentinien
Brasilien
Chile
Costa Rica
Dominikanische Republik
Jamaika
Karibik/Große Antillen
Karibik/Kleine Antillen
Kuba
Mexiko
Peru/Bolivien
Venezuela
Yucatán

AFRIKA | VORDERER ORIENT
Ägypten
Djerba/Südtunesien
Dubai/Vereinigte Arabische Emirate
Israel
Jerusalem
Jordanien
Kapstadt/Wine Lands/Garden Route
Kenia
Marokko
Namibia
Qatar/Bahrain/Kuwait
Rotes Meer/Sinai
Südafrika
Tunesien

ASIEN
Bali/Lombok
Bangkok
China
Hongkong/Macau
Indien
Japan
Ko Samui/Ko Phangan
Malaysia
Nepal
Peking
Philippinen
Phuket
Rajasthan
Shanghai
Singapur
Sri Lanka
Thailand
Tokio
Vietnam

INDISCHER OZEAN | PAZIFIK
Australien
Malediven
Mauritius
Neuseeland
Seychellen
Südsee

> UNSER INSIDER
MARCO POLO Korrespondent Juan Garff im Interview

Der Journalist und Theaterkritiker Juan Garff ist Redaktionsleiter des Lateinamerikabüros der Deutschen Presseagentur dpa in Buenos Aires.

Sie sind Argentinier. Welche Beziehung haben Sie zu deutschprachigen Lesern?

Meine Eltern, europäische Einwanderer (mein Vater Deutscher, meine Mutter Finnin), die Anfang der Fünfzigerjahre in Argentinien neue Horizonte suchten, machten Deutsch zur Familiensprache. Meine Jahre auf einer zweisprachigen Waldorfschule, regelmäßige Reisen zur Familie in Kassel und berufliche Erfahrungen begründeten eine lebendige Beziehung zur deutschen Sprache und Kultur.

Was reizt Sie an Argentinien, wie geht es Ihnen dort?

Trotz der vergangenen Diktaturen, der wiederholten wirtschaftlichen und sozialen Krisen, herrscht immer wieder ein Aufbruchklima, eine Alles-ist-möglich-Stimmung. Dazu die Herausforderung, auf Schwierigkeiten mit oft knappen Ressourcen kreative Antworten improvisieren zu müssen. Dabei geht es mir für argentinische Verhältnisse recht gut. Argentinien – vor allem Buenos Aires – erfährt in letzter Zeit, nach der katastrophalen Krise 2001, einen kräftigen Aufschwung. Der aufmerksame Blick der ausländischen Reisenden hat auch dazu beigetragen, dass die Argentinier auf ihre kulturellen und natürlichen Schätze etwas besser achten.

Und was gefällt Ihnen nicht so?

Eben das ständige Auf und Ab, der ewige Neuanfang – die fehlende langfristige Perspektive.

Wo und wie leben Sie genau?

Mit meiner Frau und unseren fünf Kindern und zwei Hunden im Stadtteil Saavedra etwas abseits vom Stadtzentrum in einer Straße mit flachen Wohnhäusern und breitem Bürgersteig, auf dem einige Nachbarn am Sonntagnachmittag noch ihren Stuhl zum Matetrinken rausstellen.

Kommen Sie viel in Argentinien herum?

Ja, sowohl beruflich als auch aufgrund der zahlreichen persönlichen Beziehungen, die mit den Jahren journalistischer Aktivität in verschiedenen Bereichen entstehen.

Was tun Sie in Ihrer Freizeit?

Ich lese Bücher – wenn möglich, im Original –, die mir zu Abstand von der journalistischen Hektik verhelfen, aber doch einen Bezug zu nachvollziehbaren Lebenserfahrungen wahren.

Können Sie sich vorstellen, irgendwann in einem anderen Land zu leben?

Ja, nicht irgendwo, aber schon in Montevideo, Madrid oder Berlin.

> BLOSS NICHT!

Auch in Argentinien gibt es Dinge, die Sie besser meiden oder unterlassen

Bargeldlos reisen

So sicher man sich unterwegs auch fühlen mag ohne Bargeld: Im Süden kann diese Art des Reisens problematisch werden. In Feuerland und Patagonien verweigern Reiseagenturen, Gaststätten und Busunternehmer oft die Annahme von Kreditkarten und Reiseschecks. Hat man kein Bargeld parat, am besten Pesos oder Dollars in kleinen Scheinen, muss man warten, bis die Bank öffnet, und verliert so unter Umständen ein ganzes Wochenende. Im Trekkerparadies El Chaltén gibt es noch nicht einmal einen Bankautomaten, ganz zu schweigen von einer Bankfiliale.

Kokablätter und Drogen

Der Genuss von Kokatee und das Kauen von Kokablättern sind nur in den nordwestlichen Provinzen Tucumán, Salta und Jujuy gestattet. Der hohe Anteil an indianischer Bevölkerung macht dort die rigorose Durchsetzung des Drogenverbots unmöglich. Überall sonst gilt, dass Drogenkonsum und -handel untersagt sind. Schon bei sehr kleinen Mengen – Marihuana und Kokablätter eingeschlossen – drohen hohe Geld-, unter Umständen sogar Gefängnisstrafen.

Nahverkehr in der Rushhour

In der Stoßzeit, den *horas pico* (werktags 7–9 und 18–20 Uhr), sollten Sie in Buenos Aires weder U-Bahnen noch Busse besteigen. Im Gedränge häufen sich Taschendiebstähle.

Den Flug zu spät rückbestätigen

Die Bestimmungen von Aerolíneas Argentinas sehen vor, dass Sie Ihren Weiter- und Rückflug spätestens 72 Stunden vor Abflug bestätigen. Andernfalls kann Ihre Buchung gestrichen werden. Trotzdem ist es ratsam, in der Hochsaison frühzeitig am Flughafen zu sein – Überbuchung ist eine verbreitete Unsitte bei den lokalen Gesellschaften.

Wertsachen in den Koffer

Videokameras und Fotoapparate gehören ins Handgepäck. Immer wieder kommt es bei Inlandsflügen zu Diebstählen aus den Koffern.

Per Autostopp durch Patagonien reisen

Per Anhalter zu reisen gestaltet sich in einem so riesigen und gleichzeitig so dünn besiedelten Land oftmals sehr anstrengend und zeitraubend. Besonders in Patagonien, das meist riesige Entfernungen zwischen den wenigen städtischen Zentren aufweist und überdies ganz besonders dünn besiedelt ist, können Stunden vergehen, bis überhaupt einmal ein Fahrzeug vorbeikommt.

Räubern Widerstand leisten

Bewaffnete Überfälle auf Touristen sind nicht üblich. Eher besteht das Risiko, Opfer von Taschendieben zu werden. Die größte Gefahr läuft man aber, wenn man versucht, Widerstand zu leisten, da es dann leicht zu Gewalttätigkeiten kommt.